En SELLE !

Découvrir
la **France**
à vélo

CYRIL MERLE
JOURNALISTE
& CONSTRUCTEUR DE VÉLOS

En SELLE !

Découvrir la France à vélo

LAROUSSE

SOMMAIRE

PARTIE 1

INITIATION AU VOYAGE

SOMMAIRE

PARTIE 2

INVITATION AU VOYAGE

LES BALADES

LES GRANDS PARCOURS

SOMMAIRE

PARTIE III

LA VIE À VÉLO, MODE D'EMPLOI

INITIATION au VOYAGE

Tout ce que vous avez toujours voulu savoir sur le voyage à vélo :
quel vélo pour quel voyage ? Quel voyage pour quel cycliste ?
Comment s'habiller ? Où dormir ? Comment y accéder ?
Une check-list en 10 chapitres.

1. BIEN CHOISIR SON VÉLO...

et le garder !

QUE CE SOIT UN VÉLO VINTAGE RETAPÉ OU UN VÉLO GRAVEL DERNIER CRI, IL EST À LA FOIS VOTRE MONTURE ET VOTRE COMPAGNON DE VOYAGE. ET ON S'ATTACHE À SON VÉLO COMME ON S'ATTACHAIT, À L'ÉPOQUE, À SON CHEVAL.

On le chevauche toute la journée, on traverse cent paysages avec lui, on grimpe avec lui, puis – si tout se passe bien – on sent l'ivresse de la vitesse et le vent sur son visage, toujours avec lui. Au fil des heures et du temps, on fait corps avec la machine, et il devient une prolongation de vous-même... Il n'est d'ailleurs pas rare de lui parler, pour relancer la machine, et même, pour les plus affectueux, de lui donner un nom !

Avant de connaître tout cela, il est vital de bien choisir, de bien régler et de bien entretenir son vélo. Et le vélo qui vous emmènera loin, ou près, n'est pas nécessairement celui qui aura coûté le plus cher : c'est celui qui vous ira comme un gant, même au bout d'une semaine de voyage !

1 : pneu / **2** : jante / **3** : dérailleur arrière / **4** : chaîne / **5** : moyeux / **6** : rayon / **7** : plateau / **8** : pédale / **9** : pédalier et manivelle / **10** : pédale / **11** : cassette / **12** : dérailleur avant / **13** : boîtier de pédalier / **14** : frein / **15** : cintre / **16** : potence / **17** : porte-bidon / **18** : tube de direction / **19** : selle / **20** : fourche / **21** : cadre / **22** : collier de selle / **23** : freins et leviers de changement de vitesse / **24** : tige de selle / **25** : jeu de direction

19
16
15
23
24
21
22
14
18
14
25
20
17
12
13
10
9
11
7
3
6
3
4

QUEL VÉLO POUR QUEL VOYAGE ?

Du VTC (Vélo Tout Chemin) d'entrée de gamme au gravel sur mesure en titane, il y en a pour tous les goûts, et pour toutes les bourses ! Pour vous aider dans votre projet d'évasion, un tour d'horizon des différentes gammes de vélos d'aujourd'hui, des points importants à connaître, et quelques petits trucs et astuces pour bien choisir votre vélo... et le garder !

LE VÉLO TOUT CHEMIN

En ville et en voyage, les VTC sont les modèles les plus répandus : pratiques avec leur porte-bagage, leurs garde-boues et leur éclairage d'origine, robustes avec leurs pneus larges, confortables et résistants, polyvalents avec leur large gamme de développements (triple et 18 vitesses minimum), ils emmènent partout, en ville et sur les chemins peu accidentés... comme leur nom l'indique !

Montés sur un cadre rigide, avec souvent une fourche avant téléscopique et une tige de selle suspendue, les vélos de ville permettent une position de conduite relevée et confortable, pratique pour des balades et mini-randos, sur des itinéraires ne présentant pas de difficultés majeures (dénivelé, terrain...). Adaptables quasiment partout, ils sont aussi à la portée de toutes les bourses, avec des tarifs abordables (à partir de 300 euros pour une version équipée de garde-boues et d'un porte-bagages) pour une monture qui pourra durer des années, avec un peu d'entretien et une révision annuelle chez votre vélociste !

Toutes les marques proposent des VTC, à des prix variables en fonction du niveau des équipements, de la qualité des composants et beaucoup... de la renommée de la marque, et des tarifs qu'elle pratique ! Les cadres et les roues sont le plus souvent en aluminium, un matériau résistant, limite increvable, et très répandu...mais pas le plus confortable (là, on choisira plutôt l'acier, voire le titane), ni le plus léger et le plus rigide (ici, c'est le carbone qui remporte tous les suffrages).

Le vélo de voyage

LES VÉLOS DE VOYAGE ET VÉLOS GRAVEL : LE CRAN AU-DESSUS

Cadre acier, pédalier mono plateau ou subcompact, des œillets de fixation partout, de la fourche aux haubans arrière, parfois un moyeu dynamo : les vélos de voyage sont spécifiquement étudiés et équipés pour vous emmener au bout du monde, mais feront aussi très bien l'affaire pour traverser la Mayenne, si vous souhaitez vous offrir un vélo pour la vie ! Disponible tout équipés, ou montés sur cadre le plus souvent en acier, ces vélos Riverside, Trek, Surly, Kona, VSF FahrradManufaktur, Koga ou Genesis, pour ne citer que quelques-unes des marques les plus répandues, sont les 4x4 du vélo.

Si les caractéristiques de base sont partagées, il existe quelques différences d'approche, à choisir en fonction de son profil : vous souhaitez pédaler droit, pour profiter du paysage ? Alors, votre préférence ira à un cintre plat (le cintre, c'est le vrai nom du guidon, à utiliser lorsque l'on parle avec des spécialistes !). Vous envisagez un tour du monde, en trois ans ? Un cintre multipositions vous permettra de changer de positions, et d'éviter les douleurs au dos et au cou. Vous souhaitez rouler vite, en mode bikepacker ? Un cintre route ou gravel (plus évasé en bas, pour une bonne préhension et une position plus aérodynamique même sur les terrains meubles) s'impose. Et enfin, lorsque vous tâterez de l'ultra-longue distance, une paire de prolongateurs (type triathlon) vous permettra de rouler 350 km par jour !

Sur ces vélos, à partir d'un certain niveau, les roues sont généralement de diamètre 650 B (plutôt que de 700, le standard pour la route), permettant de monter des pneus plus larges, donc plus confortables, et d'avoir plus de stabilité une fois chargé, grâce à un centre de gravité abaissé. Et plus le vélo est conçu pour barouder, plus les pneus grossissent, afin de pouvoir passer partout !

CADRES ARTISANAUX, VÉLOS SUR MESURE, CARBONE ET TITANE : POUR RÊVER UN PEU !

Le monde du vélo haut de gamme et sur mesure est également en plein essor, et l'on voit de plus en plus de montures qui s'apparentent à des bijoux ! Les marques historiques françaises du sur-mesure, Axel Singer et Cyfac, tournent à plein régime, les modèles hors-normes, de type fat-bike / bikepacking, tel le Trek 1120, se croisent même dans la rue, et toutes les marques proposent des vélos haut-de-gamme dédiés au voyage… à l'instar de Triban / Décathlon, qui vient de sortir une édition limitée de Gravel en titane, à 401 exemplaires. Par ailleurs, de nombreuses jeunes marques françaises s'invitent dans le monde du vélo de voyage : Pechtregon, Victoire, Daniel Cattin, Levacon, Caminade and co, pour ne citer qu'eux, sont là pour vous construire le vélo de vos rêves ! Et si vous voulez tous les voir, rendez-vous au Concours de Machines, chaque mois de juillet, quelque part en France, pour une fête du vélo et des cadreurs historique, et ressuscitée depuis 2015 !

Gravel longue distance

Fat-bike

ET SI ON PASSAIT À L'ÉLECTRIQUE ?

Difficile d'échapper au raz-de-marée du vélo à assistance électrique (VAE), sur les routes, les chemins et les pistes de ski de France ! Et les vélos de randonnée électrique, spécialement conçus pour la balade au long cours, fleurissent chez les vélocistes et les loueurs. À tel point que l'on doit d'ailleurs maintenant préciser, chez ces derniers, que l'on souhaite louer un « musculaire », par opposition à un électrique.

Fiables, efficaces et avec une autonomie désormais suffisante pour une journée de randonnée, si l'on économise un peu la batterie, ces VAE constituent une vraie révolution, et permettent à chacun, quel que soit son âge et sa condition physique, de connaître les joies de la balade et de l'évasion.

Bridés à 25 km/h, équipés d'un moteur de 250 kWh (de plus en plus intégré au pédalier, mais on trouve encore des modèles sur lesquels le moteurs est placé au moyeu de la roue arrière, voire de la roue avant), suspendus et équipés de freins à disque, ces vélos de randonnée à assistance électrique sont de véritables Rolls du vélo, et subventionnés à l'achat dans de nombreuses régions, à hauteur de 400 euros en moyenne, pour des vélos qui valent généralement au moins 2000 euros : un investissement, certes, mais rentable, puisqu'ils sont devenus de véritables véhicules de tous les jours, sans les inconvénients du vélo classique (et notamment le fameux coup de chaud juste avant d'arriver au bureau !).

La petite astuce // Pour votre première rando, louez un vélo !

C'est votre première fois, et vous n'êtes pas sûr de vouloir investir dans un vélo ? Louez-en un ! On trouve des loueurs dans toutes les grandes villes, et tout au long de tous les grands itinéraires cyclistes de l'Hexagone : l'association France Vélo Tourisme recense 387 loueurs labellisés **Accueil Vélo,** qui offrent des prestations, des vélos et des équipements de qualité à leurs clients ! Une carte de France interactive et un annuaire des loueurs permettent de préparer votre balade en toute tranquillité : l'adresse de ce bon plan (et de tant d'autres !) ? www.francevelotourisme.com

LES TROIS POINTS DE CONTACT : SELLE, POIGNÉES, PÉDALES

Vous allez passer de longues heures sur votre vélo, autant être bien installé(e) ! Votre corps a trois points de contact avec votre monture : les pédales aux pieds, la selle pour s'asseoir, et les poignées (ou la guidoline, ou ruban de guidon) aux mains. Tous les efforts, toutes les contraintes et toutes les vibrations passent par ces trois zones, veillez à leur confort.

Au niveau de la selle, point crucial s'il en est, que faut-il savoir ? Tout d'abord, qu'il existe des modèles homme et femme (plus larges au niveau de l'assise), et que différentes largeurs de selle sont disponibles. Les plus larges ne sont pas nécessairement les plus confortables : tout dépend de la largeur de votre bassin, et de l'écartement de vos ischions (pas facile à mesurer, d'ailleurs) ! En règle générale, plus l'on se tient droit, plus le poids du corps repose sur le bassin, et l'on privilégiera une selle un peu plus large que la moyenne (généralement 135 mm de largeur au niveau de l'assise).

Par ailleurs, on préfère généralement les profils plus arrondis pour les longues journées de cyclisme.

Les randonneurs expérimentés apprécient souvent les selles en cuir (Brooks ou Berthoud, par exemple), plus chères, mais plus belles et façonnées par l'usage aux formes de votre séant ! Sinon, un gel spécifique dans l'assise de la selle, assez répandue dès le milieu de gamme, constitue un plus appréciable, surtout si vous ne portez pas de cuissard... Attention en revanche aux couvre-selles à gel : ils tournent, glissent et font des bourrelets qui peuvent rendre l'assise très inconfortable !

En voyage, un vélo confortable, adapté, aux pneus larges, s'avère indispensable.

Les poignées sont également un vecteur important de confort et de bonne prise en main (évidemment !) de votre vélo : un grip confortable, un diamètre adapté à votre paume, cela change la vie du cycliste. Et c'est une pièce d'usure : une paire de poignées neuves, et l'on redécouvre son vélo !

Enfin, les pédales : c'est sur elles que vous appuyez en permanence (avec l'avant du pied, et le pied dans l'alignement du vélo, évidemment), autant en avoir de belles sous le pied !

Si vous voyagez avec des pédales plates, et que vous cherchez à optimiser vos pédales d'origine, des modèles BMX ou VTT (type enduro) d'entrée de gamme sont bien larges et bien anti-dérapants. Et si vous voulez aller plus vite, plus loin, en mode bikepacker, choisissez des pédales SPD : les cales, petites et intégrées à la semelle, évitent la fameuse démarche de jeune canard des cyclistes descendus de leur monture, réduits au ridicule tel l'Albatros de Baudelaire !

Bon à savoir

Comment (bien) régler sa selle ?

Une selle trop basse, ce sont des efforts fastidieux, un pédalage en canard et les cuisses en feu au bout de 10 minutes ! Une selle trop haute, outre un déhanchement peu naturel, c'est un pilotage peu assuré, et surtout de gros risques de tendinites au genou. La bonne hauteur de selle, c'est lorsque votre jambe est tendue, en bas du cycle de la pédale, alors que c'est votre talon qui est posé sur la pédale (et non pas la partie avant de votre pied, comme lorsque vous pédalez) : un truc utile pour se mettre tout de suite au bon niveau !

Sonnette

LES ÉQUIPEMENTS ET ACCESSOIRES INCONTOURNABLES

C'est valable pour les VTC, mais également pour tous les vélos : quelques accessoires sont nécessaires pour passer votre vélo en configuration voyage.

Un premier accessoire fondamental, et obligatoire : l'éclairage, avant, arrière et latéral ! Voir et être vu, c'est bien évidemment la base de la sécurité routière à vélo, et on ne peut d'ailleurs légalement pas vous vendre de vélo qui ne comporte pas : un éclairage avant (lumière blanche), à dynamo, à pile ou rechargeable via USB ; un éclairage arrière (rouge), également à pile, à dynamo ou rechargeable ; des catadioptres réfléchissants de couleur orange fixés sur les rayons, pour être vu de profil dans les phares d'une voiture, et enfin des catadioptres également orange intégrés aux pédales.

Au chapitre des équipements obligatoires, tout vélo doit également disposer d'une **sonnette** (ou timbre), dont le grelot doit être audible à 50 mètres.

Afin de vous amener loin, votre vélo doit également disposer d'un **porte-bagage arrière** (au minimum), ou au moins des œillets prévus dans le triangle arrière du cadre pour en fixer un, et d'un porte-bidon (ou de deux), à rajouter lors de l'achat. Ensuite, une fois ces fondamentaux installés, chacun est libre de configurer son vélo comme il l'entend, selon ce qu'il souhaite emporter !

Attacher son vélo à un sabot, souvent le moyen de ne pas se le faire voler !

Bon à savoir

Avoir son vélo, c'est bien, le garder, c'est mieux !

Rien de plus vexant que de se faire voler son vélo... et malheureusement, cela arrive assez fréquemment, puisqu'il y a eu pas moins de 300 000 vols de vélo en 2019 ! Même si on ne peut rien contre la fatalité, on peut tout de même freiner les ardeurs des malhonnêtes.

Règle n°1 : un U tu choisiras pour tous tes déplacements en ville. Plus solide, plus fiable qu'une chaîne, le U, parfois couplé à une chaîne à passer dans les rayons, s'impose.

Règle n°2 : à un poteau tu t'attacheras. Autant ne pas mettre de cadenas si c'est pour ne pas l'attacher à un poteau, une barrière, une grille ou une borne solidement scellée au sol ou à un mur !

Règle n°3 : en rando, un cadenas lasso tu choisiras. Léger et pratique, le cadenas lasso permet de ralentir le vol, plus rare à la campagne, mais qui peut toujours arriver lorsque l'on doit laisser son vélo à l'entrée de la supérette (souvent le seul moment où on l'abandonne, d'ailleurs !).

Enfin, règle n°4 : si tu n'as rien de tout ça, ton casque tu attacheras (à la barre diagonale et à la roue avant)... Cela n'a l'air de rien, mais la fuite du voleur sera déjà sérieusement compromise avec une roue bloquée !

Et d'autres actions sont mises en œuvre pour freiner le vol, à l'échelle nationale. En effet, depuis le début de l'année, tous les vélos neufs et les occasions vendues en magasin portent un identifiant unique, renseignant les coordonnées de leur propriétaire, comme l'immatriculation des voitures. Et enfin, il est également possible d'assurer son vélo, souvent à partir de son contrat multirisque habitation.

La petite astuce //

Comment calculer sa taille de vélo ?

Comme souvent dans le vélo, différents systèmes de mesure cohabitent ! On voit de plus en plus des tailles XS, S, M, L et XL, comme pour les vêtements, mais la taille du vélo peut également être indiquée à partir de la taille du tube de selle, de 48 à 64 (centimètres), ou en pouces. Pour choisir votre vélo, vous devez bien sûr calculer en fonction de votre taille, mais aussi de votre hauteur d'entrejambe : pour la mesurer, placez-vous dos à un mur, et appuyez un livre contre votre périnée, puis demandez à quelqu'un de mesurer la distance du sol à la tranche du livre.

TAILLE DU CYCLISTE	ENTRE-JAMBE	VÉLO ROUTE	VÉLO DE MONTAGNE (VTT)	
152-160 cm	68-73 cm	48 cm	38 cm	14"
161-162 cm	74 cm	48 cm	38 cm	14"
163-164 cm	75 cm	50 cm	41 cm	16"
165-166 cm	76 cm	52 cm	41 cm	16"
167-168 cm	77 cm	52 cm	41 cm	16"
169-170 cm	79 cm	53 cm	44 cm	18"
171-176 cm	81 cm	53 cm	44 cm	18"
177-180 cm	82 cm	54 cm	46 cm	18,5"
181-182 cm	84 cm	54 cm	50 cm	20"
183-184 cm	86 cm	56 cm	50 cm	20"
185-187 cm	88 cm	56 cm	52 cm	21"
188-189 cm	90 cm	58 cm	52 cm	21"
190-192 cm	91 cm	60 cm	55 cm	22"
192 et plus cm	94 cm	62 cm	55 cm	22"

2. S'HABILLER

pour partir

UN CASQUE SUR LA TÊTE, UN GILET JAUNE POUR ÊTRE VU, ET UN CUISSARD POUR PÉDALER CONFORTABLEMENT : CELA ÉTANT POSÉ, ON COMPREND BIEN QUE L'ÉLÉGANCE VESTIMENTAIRE À VÉLO EST... DIFFÉRENTE DES CANONS HABITUELS DU CHIC ET DE LA MODE !

Heureusement, nous sommes de plus en plus nombreux, et (presque) plus personne ne sursaute à la vue d'un cycliste équipé de pied en cap descendu de sa monture ! De la tête aux pieds, voici les vêtements et les équipements incontournables du voyageur à vélo.

UN CASQUE SUR LA TÊTE

Commençons par le commencement : le casque.

Obligatoire jusqu'à 12 ans, il est simplement recommandé pour les adultes. Et nous le recommandons chaudement, en toute circonstance ! Sans être spécialement alarmiste, il suffit de rappeler une vérité : plus l'on passe de temps sur son vélo, plus les risques de chute ou de collision augmentent. Et le casque, que l'on choisira léger, bien aéré et à sa taille, peut tout simplement nous sauver la vie, ce serait donc bête de s'en priver !

1 : casque / **2** : mitaines ou gants / **3** : lunettes (solaires ou transparentes) /
4 : cuissard / **5** : gilet jaune ou orange, avec bandes réfléchissantes /
6 : chaussures de cyclisme, ou baskets / **7** : coupe-vent étanche, ou veste de pluie

1
2
5
7
SYNERGIST
3
4

HAUT EN COULEURS !

Dans cette même catégorie des équipements de sécurité, le gilet jaune, officiellement appelé rétroréfléchissant.

Il est obligatoire hors agglomération, de nuit ou lorsque la visibilité est insuffisante. Ici aussi, nous plaidons pour son port, sous la forme d'un gilet adapté (pas ceux rangés dans la boîte à gants, qui claquent au vent et ralentissent), d'un baudrier ou d'une veste intégrant des patchs phosphorescents. Ces gammes se développent, et l'on trouve maintenant d'autres couleurs, plus originales et désormais moins « politiques » : rose, vert, orange...

Enfin, dernier équipement de sécurité, non obligatoire celui-ci mais également recommandé : une paire de mitaines, ou de gants en hiver. En cas de chute, on met systématiquement les mains à terre, et les mitaines limitent les dégâts. De plus, elles absorbent les vibrations, et permettent d'éviter les ampoules. Là encore, autant adopter les bons réflexes dès le début, ils se transformeront vite en (bonnes) habitudes.

La petite astuce //
L'indispensable autour du cou

En été comme en hiver, le tour de cou (parfois appelé simplement Buff®) se révèle aussi pratique que confortable : on a souvent froid au cou, et c'est une zone sensible et exposée au soleil. Certains modèles peuvent également couvrir la tête, en cas de froid ou de canicule. Plébiscité par tous les randonneurs aguerris, le tour de cou se rend vite indispensable !

Les gilets, pour rouler en toute sécurité !

Le cuissard (long), ou cycliste : le nec plus ultra du voyage à vélo !

Bon à savoir

Sacs et système D

Le sac en plastique est le meilleur ami du voyageur à vélo. N'hésitez pas à vous en servir pour garder vos affaires au sec dans vos sacoches, et pour isoler le propre du sale, le mouillé du sec, etc. Et il existe toutes sortes de sacs qui vous éviteront du poids et des objets supplémentaires. Plutôt que d'emporter un portefeuille, glissez par exemple vos papiers, votre argent liquide, vos cartes et votre téléphone portable dans un sac congélation à zip. Totalement étanche et résistant, il vous accompagnera tout au long de vos voyages... et il peut même être coloré, si vous choisissez un modèle en silicone. Un autre truc qui a fait ses preuves : si vous n'avez pas de surchaussures, deux sacs plastiques et deux élastiques sur les mollets, comme des fixe-chaussettes, peuvent également faire l'affaire... au moins sur le plan pratique, sinon esthétique.

CUISSARD OR NOT ?

Vient ensuite une épineuse question, que se sont posé tous les cyclistes débutants : cuissard or not cuissard ?

Ce short-fuseau moulant en Lycra, doublé d'une peau de chamois (aujourd'hui synthétique) qui forme une couche sur le fessier de son propriétaire, est :

1) un vrai plus pour rouler, à la fois pour le confort, l'absence de frottements et l'aérodynamisme ;

2) parfaitement hideux et difficile à porter, surtout pour les hommes (pas besoin de vous faire un dessin !).

Et enfin, cerise sur le gâteau, si l'on peut dire : il ne faut rien porter dessous, afin d'éviter les frottements.

Bien sûr, il n'est pas obligatoire d'en porter un en toute occasion : lorsque l'on fait de courtes journées, sur un vélo de type VTC, avec des pauses et des visites, un bermuda classique, dans un tissu léger et respirant, est bien suffisant. Certains essaient sinon d'user de subterfuges, par exemple en ayant recours à des shorts de VTT à cuissard intégré, plus décents en ville... Mais ceux-ci peuvent vite tenir chaud. Alors, comment franchir le pas ? Comme lorsque l'on plonge pour la première fois dans le grand bain : sans réfléchir ! Et l'on rejoint alors la glorieuse tribu des MAMILs (*middle-aged men in Lycra*), qui ont définitivement sacrifié l'esthétique sur l'autel de leur passion... Et qui, en plus, se trouvent très beaux ainsi et se raseront bientôt les jambes !

COMME UN OIGNON !

Les vêtements de vélo – maillots, vestes, coupe-vent, etc. – sont spécialement pensés et taillés pour ce sport : près du corps, en matériaux techniques (qui sèchent rapidement), et aujourd'hui également en mérinos, une laine fine et chaude qui ne retient pas l'humidité, avec des poches placées en fonction de la position sur le vélo.

Les glorieuses années 1980, l'époque du fluo et des sponsors partout sur les maillots, sont passées : grâce à la généralisation du vélo et à l'arrivée d'une nouvelle génération de cyclistes, venus des sports outdoor, on trouve aujourd'hui des tenues aux couleurs sobres et travaillées, tels que les fameux maillot Rapha, marque bien connue pour sa qualité, son look… et ses prix ! Si ces vêtements sont bien conçus et de bonne qualité, il n'est pas non plus nécessaire d'investir des fortunes au début : en gardant à l'esprit le principe de la pelure d'oignon (plusieurs couches fines pour garder la chaleur plutôt qu'une seule plus épaisse), et en choisissant des matières respirantes et qui sèchent rapidement, on se confectionne une tenue sportive adaptée pour une première rando.

Le choix des chaussures dépend du type de pédales montées sur le vélo : avec des pédales équipées de cales (SPD ou route), ce seront des chaussures de cyclisme adaptées pour améliorer la transmission et le rendement. Avec des pédales plates, des chaussures de sport, type sneakers ou randonnée légère, feront l'affaire : choisissez bien sûr un modèle non montant, afin de libérer la cheville, et à la semelle plutôt rigide, afin de ne pas sentir les picots des pédales. De nombreux cyclistes optent également pour des chaussures aérées, de type Teva ou Birkenstock : enveloppantes et à la semelle rigide, elles se révèlent confortables et adaptées… à tel point qu'il en existe des modèles spécial vélo, avec cales SPD intégrées, pour les voyageurs au long cours !

PÉDALONS SOUS LA PLUIE

Disons-le tout de suite : la pluie n'est pas l'amie du cycliste.

On est rapidement trempé, par au-dessus et par en dessous – à cause des projections des roues –, la chaussée devient glissante, les risques de crevaison augmentent, le froid s'installe dès que l'on s'arrête, et la balade se transforme en raid, que l'on se racontera au coin du feu en riant… dans quelque temps ! Pour lutter contre la pluie, une tenue adéquate s'impose. À chacun selon ses goûts, sa pratique et ses moyens !

Le plus couvrant, et le moins cher, reste le poncho, ou cape de pluie, conçu spécialement pour le vélo. Ce sont de petits détails qui n'ont l'air de rien mais qui prennent toute leur importance lorsque l'on s'en sert : une capuche adaptée, avec des empiècements transparents sur les côtés pour élargir le champ de vision, des élastiques pour fixer le poncho aux poignées et une poche ventrale bien étudiée sont autant de petits plus pour mieux braver les éléments. Et attention également, pour les ponchos comme pour les autres vêtements de pluie, à la respirabilité du matériau : les entrées de gamme, absolument pas respirantes, transforment le vêtement en cabine de sudation, et l'on est aussi trempé que si l'on ne portait rien, mais par sa propre transpiration… ce qui n'est pas plus agréable. Pratiques dans une optique de rando-balade à vélo, les ponchos sont également la bonne solution pour

La pluie n'est pas la meilleure amie du cycliste ! Sauf si on est bien équipé…

les enfants : ils englobent le siège enfant, et le petit passager est totalement protégé, sans être (trop) entravé dans ses mouvements. Pour un usage plus intensif, on trouve des vestes de pluie pour tous les goûts, et tous les budgets. De toutes les couleurs, adaptées à toutes les morphologies, elles existent en plusieurs matières, ici aussi avec différents niveaux de respirabilité : la matière la plus aboutie et la plus performante reste le Gore-Tex®, souvent imité, jamais égalé ! Ces vestes sont taillées spécialement pour le vélo, avec notamment un dos descendant plus bas afin de couvrir le bas du dos et le fessier, et de mieux protéger contre les projections de la roue arrière, l'un des problèmes majeurs des vélos de route sans garde-boue…

Des pantalons de pluie viennent compléter la tenue. Ici aussi, différentes qualités sont disponibles, selon que l'on souhaite se protéger d'un petit crachin ou que l'on se prépare à effectuer un tour du monde… Munis d'une lanière sous le pied, afin de bien les tendre, ils permettent également de protéger les pieds. Et lorsqu'ils n'ont pas de lanière, des guêtres, ou des surchaussures (souvent en Néoprène) pour les chaussures spécial vélo, viennent compléter la tenue de pluie.

Pense-bête !

N'oubliez pas vos lunettes !

En plein air toute la journée, les yeux fatiguent, et le port des lunettes est fortement recommandé ! Des lunettes de soleil plutôt légères se révéleront vite indispensables les jours de grand beau, et des lunettes translucides sont également confortables et sécurisantes les jours où la luminosité est plus basse. En effet, elles protègent du vent et des gouttes de pluie qui peuvent faire cligner des yeux, mais également des moucherons et autres insectes. Pour les porter en toute sécurité, passez les branches par-dessus les sangles de votre casque : elles s'éjecteront en cas de choc.

3. LES SACOCHES, MEILLEURES AMIES

du voyageur

UNE FOIS QUE L'ON A FRANCHI LE CAP ET QUE L'ON ENTRE DANS CET UNIVERS PARALLÈLE DU VOYAGE À VÉLO, TOUT EST TRANSFORMÉ. ET LES SACOCHES, AUXQUELLES ON N'AVAIT LITTÉRALEMENT JAMAIS PENSÉ AUPARAVANT, DEVIENNENT DES OBJETS DE CONVOITISE.

Car on pressent déjà ce qu'on leur devra et ce que l'on attend d'elles : de la solidité, de l'étanchéité, de l'ergonomie, des petits détails pratiques, des bandes réfléchissantes, bref, tout ! Et n'allons pas croire que c'est un luxe, et qu'un sac à dos est bien suffisant : à l'usage, c'est une torture qui en a dégoûté plus d'un du voyage à vélo. Douleurs lombaires et dans les épaules, transpiration excessive : le sac à dos est à proscrire absolument.

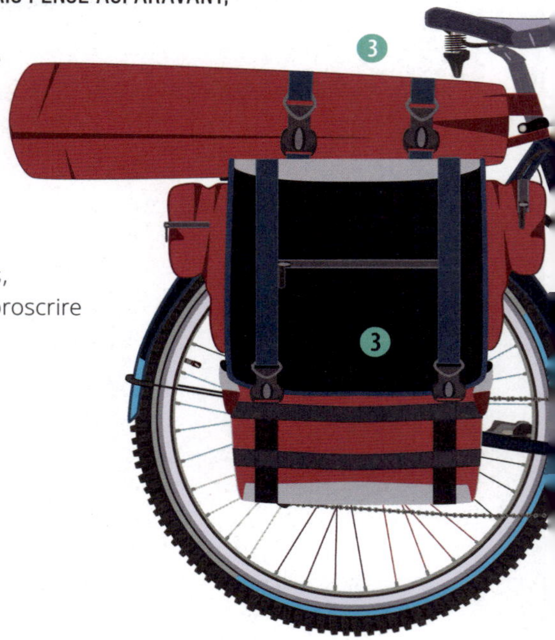

1 : sacoche de cintre / **2** : sacoche de selle /
3 : sacoches arrière sur porte-bagages /
4 : sacoche de cadre / **5** : sacoches avant sur porte-bagages

2
1

2

5

1
2

Vélo avec porte-bagages intégrés.

SACOCHES À TOUT PRENDRE

Revenons-en à la question des sacoches.

Le monde de la sacoche de vélo a connu une véritable révolution en 2013, avec l'apparition des premières sacoches de selle Apidura (ainsi nommées pour leur ressemblance avec les sacs de pollen des abeilles, apis en latin) : d'un volume d'une quinzaine de litres, étanches et résistantes, elles ont permis d'emporter le strict minimum pour voyager léger, sur tous les chemins, et de programmer des étapes plus longues, avec le poids proche du centre de gravité du vélo. Une évolution comparable à celle du trail par rapport à la randonnée itinérante à pied, qui a conquis un nouveau public et a inauguré un nouveau type de voyage à vélo : le bikepacking (ainsi nommé par référence au backpacking, où le globe-trotter voyage avec un sac à dos et non pas des valises).

Ces sacoches de selle, souvent combinées avec des sacoches de cintre, ont fait des petits, et l'on trouve aujourd'hui des sacoches de cadre (qui s'insèrent dans le triangle avant du vélo), des sacoches de fourche, des sacoches fixées sur le top tube, des sacoches avant, posées sur un porte-bagages avant. Apidura est bien sûr l'une des marques les plus présentes, mais elle a été rejointe par d'autres, qui complètent les gammes, pour différents budgets et volumes de chargement : Zefal, Ortlieb, Vaude, Restrap, Topeak ou les marques vélo de Décathlon constituent le gros de l'offre. Le plus souvent en cordura ou en bâche, ces sacoches se fixent généralement par sanglage sur les différentes parties du vélo : des systèmes ingénieux, qui évoluent encore et qui s'accompagnent de divers accessoires, souvent multifonctions, pour les stabiliser, les rigidifier et les rendre plus fiables et solidaires du vélo, dans toutes les conditions et sur tous les terrains.

Sacoche pour vélo

Les sacoches de selle sont extrêmement pratiques et utiles pour ranger les produits de première nécessité.

Pense-bête !

Tout à portée de main !

Votre paquetage évoluera et se fera à votre usage et à vos habitudes : pensez à garder les objets du quotidien à portée de main, à mettre les objets lourds devant (et au fond des sacoches), et soyez malins et pratiques ! N'hésitez d'ailleurs pas à emporter un ou deux tendeurs ou, mieux, un filet de maintien pour porte-bagages, pour des configurations évolutives.

Choisir son emplacement de bivouac : les délicieux dilemmes du bikepacker.

PORTAGE, SACOCHES OU PORTE-BAGAGES : LE MEILLEUR DES MONDES

Fixées sur le vélo, ces sacoches offrent effectivement plus de maniabilité et d'autonomie, et ont permis un nouveau type de course : l'ultra-longue distance, sur route ou sur chemin, en autonomie complète et avec un esprit encore assez pionnier, même si c'est aujourd'hui un secteur (et un marché) qui se structure.

À l'usage, et en accompagnement de cette approche, une nouvelle catégorie de vélos est née : les Gravel, qui permettent à la fois de rouler longtemps, dans une position aérodynamique, et de passer sur tout type de chemin. Nous sommes encore aujourd'hui au début de cette révolution, qui engendre de nombreuses querelles des anciens et des modernes, mais force est d'avouer que cette pratique et cette approche ne manquent pas d'attrait. Fort heureusement, les deux mondes – l'ancien, celui des porte-bagages, et le nouveau, celui du bikepacking – se nourrissent mutuellement, tout comme la randonnée à gros sac à dos profite finalement, par ricochet, de l'engouement pour le trail. Pour une raison toute simple : si l'on veut partir plus longtemps, il faut pouvoir emporter plus de matériel, et les solutions se croisent et s'hybrident !

Les vélos de randonnée, ou de Gravel, dignes de ce nom sont d'ailleurs tous dotés d'une multitude d'œillets, sur les fourches, les haubans, les tubes de cadre, qui permettent si on le souhaite d'équiper sa monture de porte-bagages arrière et avant. De nombreux modèles existent, ainsi que de nombreux adaptateurs… Car tout s'adapte, tout se transforme, mais rien n'est standard dès que l'on pénètre dans la jungle des catalogues d'équipements et leurs milliers de références. C'est pour cela qu'il est préférable, lorsque l'on choisit sa monture, de garder cette question des éventuels porte-bagages à l'esprit, et de bien se renseigner sur les différents modèles que l'on peut fixer sur son vélo (ou faire fixer par son vélociste, pour plus de tranquillité d'esprit). Et n'oubliez pas non plus que l'on ne peut pas percer les cadres en carbone, plus performants, plus confortables, mais aussi plus chers et plus techniques.

VOYAGER LÉGER

Une fois les porte-bagages montés, il devient possible d'y fixer des sacoches latérales, avant et arrière : différents volumes et couleurs sont disponibles chez les grandes marques, dans différentes configurations.

Double sacoche arrière, sacoche transformable en sac à dos, sacoche haute de porte-bagages : à chacun son set-up et sa configuration préférée ! Mais rappelez-vous une chose, avant de prendre un troisième livre au cas où les deux premiers ne vous plairaient pas : vous transportez tout ça à la force des mollets, et tout poids supplémentaire constitue aussi une source d'effort supplémentaire. C'est une information intéressante à lire dans un livre, mais surtout une expérience qui marque dans sa chair lorsque l'on pédale à 18 heures, et que l'on a hâte d'arriver ! L'allègement progressif du paquetage est d'ailleurs bien souvent une marque de l'expérience du voyageur à vélo.

Une sacoche de chaque côté, nous voilà prêt pour la journée !

Configuration légère, pour voyage de deux jours.

La petite astuce //

Faites porter les enfants !

Entendons-nous bien : il ne s'agit évidemment pas de leur faire porter tout votre équipement ! Mais, dans le cadre d'une aventure telle qu'un voyage à vélo en famille, il faut qu'ils aient également quelque chose sur leur porte-bagages : leur tapis en mousse si vous campez, leur sac à dos (bien sanglé), leur doudou, leurs vêtements de pluie... Et bien sûr, essayez de leur fixer un porte-bidon : c'est ça qui « fait grand » sur le vélo !

Bon à savoir

Les services de portage

Si l'on était puristes, on ne les mentionnerait pas ici, mais ils pourraient attirer certains timides vers l'itinérance : les services de portage de bagages vous permettent de voyager « les mains dans les poches » ! Référencés parmi les services « Accueil Vélo » de l'association France Vélo Tourisme (dont le site www.francevelotourisme.com constitue LA mine d'informations la plus aboutie), ces services, offerts par les loueurs, les compagnies de taxis ou des voyagistes spécialisés, vous déposent chaque jour vos bagages à l'étape. En plein essor dans les Alpes et en Italie, par exemple, cette solution permet aux cyclosportifs d'enchaîner les cols en conditions « sortie jour », et de profiter d'un repos et d'une pause bien mérités à l'étape… où souvent – et même toujours en montagne ! – le paysage, la nourriture et l'accueil valent le détour.

Sacoche de selle modèle petite taille.

Sacoche avant ou arrière.

L'ÉQUILIBRE, LE POINT CLÉ

C'est maintenant le moment d'apprendre à remplir les sacoches, et à conduire son vélo chargé, si vous avez choisi l'option porte-bagages.

En effet, avec cinq sacoches (deux à l'avant, deux à l'arrière, une au guidon), soit la configuration du routard classique, vous emportez 70 litres (environ 15 kilos). Au total, votre vélo peut donc peser jusqu'à 30 kilos, ce qui nécessite un peu de pratique avant de se lancer dans le grand bain. Et cela vous permettra d'apprendre à équilibrer vos bagages : veillez à ce que le poids soit bien réparti entre le côté droit et le côté gauche, et également à le rapprocher le plus possible du centre de gravité du vélo (qui se situe au pédalier), afin de garder une plus grande stabilité. Ensuite, répartissez le poids entre l'avant et l'arrière, en privilégiant l'avant : mettez-y les choses les plus lourdes, et placez les plus volumineuses à l'arrière (duvets, tente, vêtements). Trop chargé à l'arrière, votre vélo se cabrera en montée, alors que la charge à l'avant stabilise votre direction.

Enfin, pour les voyages au long cours, ou qui nécessitent un portage plus conséquent, la remorque mono-roue est une bonne option : elle remplace l'équivalent de six sacoches, n'affecte pas la stabilité du vélo, et permet d'emporter des objets plus volumineux. En revanche, elle prend la place d'un deuxième vélo et complique les transferts en train ou en voiture. Mais qui en a besoin lorsqu'il part pour un tour du monde à vélo ?

Les sacoches de selle existent en taille différente, s'ajustant toujours sous la selle.

4. EN FAMILLE, TOUS À vélo !

LE VOYAGE À VÉLO, C'EST UN PLAISIR QUI SE PARTAGE, ET CE SONT DES SOUVENIRS DE VACANCES INOUBLIABLES POUR LES ENFANTS ! EMMENEZ LES VÔTRES PARTOUT, AVEC DES ITINÉRAIRES BIEN CHOISIS, QUELQUES TRUCS ET ASTUCES ET UN MATÉRIEL ADAPTÉ… ET DONNEZ-LEUR LE GOÛT DU VOYAGE À VÉLO DÈS LEUR PLUS JEUNE ÂGE !

C'est un conseil né de l'expérience, et c'est aussi intéressé. En effet, si vous seul(e) êtes accro, votre entourage se mettra en quête d'un autre type de livre, encore inédit : Comment lui faire arrêter le vélo ?, qui trouverait malheureusement encore son public dans de nombreux foyers.

Imaginez : des journées de balade bucolique, sur des pistes bien lisses, à l'ombre des grands arbres, les enfants faisant paisiblement la sieste dans leur remorque, pendant que vous, parents, pédalez ensemble, avec seulement le murmure du vent et le chant des oiseaux pour bruit de fond… Idyllique, non ? Eh bien, c'est tout à fait possible, partout en France, en Europe et dans le monde entier, avec un, deux, trois ou quatre enfants, dès 1 an !

1 : siège enfant pour les plus petits /
2 : la remorque, idéale pour les 2-6 ans /
3 : le vélo-cargo, type Yuba /
4 : le vélo cargo, avec compartiment avant pour enfants ou bagages

1
4
2
3

LE BON RYTHME : NI TROP LONG, NI TROP COURT !

C'est une aventure à taille humaine, qui nécessite simplement un peu de préparation et de bon sens.

Avant tout, choisissez un itinéraire roulant, cyclable et sans dénivelé : les trajets en bordure de fleuve ou de canal (mais attention au canal du Midi, où il faudra éviter la remorque) seront les moins traîtres. Pensez ensuite au rythme des petits : ne planifiez pas 150 kilomètres par jour, visez plutôt trois heures de trajet, deux heures le matin, et une heure l'après-midi... Soit 30 à 50 kilomètres par jour, selon l'âge des petits : un enfant de 10 ans peut facilement arriver à ce kilométrage sans entraînement particulier. Et il en tirera une légitime fierté, ainsi qu'une bonne mine !

La remorque vélo, idéale pour emmener les enfants partout...

La petite astuce //

À chacun son sac d'aventurier !

Rappelez -vous la vie à hauteur d'enfant : on s'attache à de petites choses, tout paraît immense, et on veut tout faire comme les grands. Pour partir en voyage au cœur de la nature, sur leur vélo ou dans leur remorque, faites-leur le plus beau des cadeaux : leur sac à dos, avec leur « mini-kit » d'aventurier. Une paire de jumelles, une boussole, un bob, une gourde et une lampe frontale (très importante, la lampe frontale, pour les vrais aventuriers), et la vie en voyage devient une fête !

Les voyages en famille et à vélo deviennent de vraies aventures, desquelles petits et grands tirent d'incroyables bénéfices.

Siège enfant pour vélo classique.

Pour les plus petits, qui seront derrière vous, en siège, en remorque ou derrière une barre de traction (mais toujours avec un casque, obligatoire jusqu'à 12 ans, rappelons-le), ce n'est pas le kilométrage et l'effort qui poseront des problèmes. Faites attention au soleil, bien évidemment, et pensez à varier les pauses, les temps de roulage et les activités… à leur rythme ! Vous découvrirez d'ailleurs rapidement l'effet bénéfique du voyage sur les enfants, qui ne tardent pas à s'endormir lorsque vous roulez, bercés par le vent et le paysage qui défile.

COMMENT (BIEN) TRANSPORTER LES ENFANTS ?

Il existe mille manières d'emmener les enfants en balade, pour un week-end ou une semaine, qui toutes présentent leurs avantages et leurs inconvénients.

De 2 à 5 ans (jusqu'à 22 kilos), la solution du siège enfant, de type Hamax, bien enveloppant et ergonomique, est celle qui vient le plus facilement à l'esprit, et la plus économique. Elle est facile à mettre en œuvre, ne prend pas trop de place lorsque l'on considère votre équipement complet, et ne présente pas de contre-indication majeure pour une balade (pas trop longue). En effet, l'enfant est bien maintenu, mais il n'a pas beaucoup de liberté de mouvement et ne profite pas vraiment de l'horizon. Lors de l'achat, vérifiez que le siège est homologué et dispose d'un système d'attache à trois points : l'attache centrale, comme sur les poussettes, est souvent un peu dure à fixer, c'est un coup de main à prendre !

Deuxième solution, qui se généralise depuis quelques années : les vélos porteurs, musculaires ou à assistance électrique, de type Yuba

Vélo avec remorque arrière.

ou Kona : ces « long tail », plus ou moins équipés selon les versions, mais toujours adaptables au transport d'enfants, peuvent embarquer une charge utile de 300 kilos et ont un centre de gravité assez bas, synonyme de stabilité et de tranquillité pour le pilote. En revanche, on évitera le triporteur sur les chemins : ces modèles sont lourds et peu maniables dans les manœuvres et les virages serrés, et ils ne peuvent parfois pas passer les plots et les systèmes anti-voitures qui jalonnent les véloroutes.

EN REMORQUE, À CERTAINES CONDITIONS

Troisième solution, de plus en plus répandue sur les chemins et dans les villes : la remorque, plébiscitée par les grands et les petits.

Légère, montée sur pneus larges, monoplace ou biplace (nous conseillons de choisir la biplace, plus spacieuse pour un poids sensiblement équivalent), la remorque constitue un cocon protecteur autour du petit voyageur, qui la considère comme son royaume… et qui ne veut pas la quitter à la pause ! Pratique et confortable pour les parents et les enfants, elle implique quand même de bien choisir son itinéraire : le dénivelé, l'état des revêtements et des routes sont des paramètres à considérer à l'avance. Et n'oubliez pas également que les remorques sont interdites à bord de tous les trains.

Il existe une large gamme de remorques, de la plus sommaire à la plus perfectionnée, pour tous les budgets : choisissez a minima une remorque suspendue, avec un système d'attache fiable, de préférence en élastomère, et soyez attentif à la qualité de l'assise et des ceintures de sécurité ainsi que des systèmes pare-soleil. N'hésitez pas non plus à tendre un linge aux heures les plus chaudes, et n'oubliez pas de surveiller vos enfants à l'arrière régulièrement. Par ailleurs, petit conseil pratique et confort : un protège-cou gonflable, dans le genre de ceux que l'on utilise pour les voyages en avion, permet au petit de faire des siestes confortables, sans avoir la tête qui dodeline vers l'avant au gré des cahots.

Ces remorques sont recommandées pour les voyages sur des pistes relativement roulantes, de préférence loin des voitures (et pensez au drapeau qui signale la présence de la remorque à hauteur des yeux). Pour les trips sur des pistes légèrement plus engagées, les remorques vélo monoroues, plus onéreuses, sont également beaucoup plus stables, et évitent aux enfants d'être ballottés dans tous les sens. N'hésitez pas à

Bon à savoir

Apprendre le vélo en quinze minutes chrono : draisienne for life

Exit les petites roues ! Apprendre le vélo, c'est un jeu d'enfant pour tous ceux qui ont eu la chance de commencer par la draisienne, ou vélo sans pédales, ou balance bike (vélo d'équilibre en anglais dans le texte) : ce nom résume bien tout l'attrait de ce premier deux-roues. En effet, en se propulsant avec ses deux pieds, l'enfant atteint peu à peu la vitesse nécessaire à son équilibre par un mouvement naturel, sans apprentissage particulier et sans effort de coordination. La transition avec le vélo à pédales se fera en… un quart d'heure, et les petites roues latérales, qui donnent d'ailleurs de mauvais réflexes, notamment dans les virages, n'auront plus lieu d'être.

aller voir une démonstration par Danny MacAskill, le roi écossais du trial, qui montre l'étendue de ses talents avec une telle remorque : la vidéo Dany Daycare Behind the Scenes, est sur YouTube, mais n'est pas à reproduire chez vous ! (Pour ceux qui ne comprennent pas bien l'anglais, il est bien précisé que c'est une plaisanterie, et qu'il n'y a pas d'enfant ni d'animal dans la remorque.)

ÇA PÉDALE À 6 ANS !

Pour les enfants plus grands, à partir de 6 ans, la solution de la barre de traction, de type Trail-Gator ou FollowMe, permet d'alterner autonomie et assistance lorsque le vélo de l'enfant est attelé à celui de son parent tracteur.

Dans ce cas, l'enfant suit – évidemment – tous les changements de direction et peut rester en roue libre ou pédaler (sur un FollowMe), il vous aide donc également à avancer.

Le modèle Trail-Gator, fixé à la tige de selle du vélo adulte, est accessible et peu compliqué à installer. En revanche, à l'usage, l'enfant finit toujours par pencher sur un côté, surtout lorsqu'il commence à prendre du poids. Les barres FollowMe, quant à elles, sont fixées par une attache rapide à la roue arrière du vélo adulte, sont adaptables à toutes les tailles de roues enfant (de 12 à 20 pouces) et se fixent sans outil, en dix secondes. Stables, robustes et pas plus lourdes que les Trail-Gator, elles sont plébiscitées par les parents randonneurs.

La barre de traction permet ici à l'enfant de pédaler, comme dans une sorte de tandem.

Vélo avec barre de traction Trail-Gator.

À partir de 10 ans, les enfants pédalent avec leurs parents.

LA ROLL'S DES TANDEMS

Enfin, et parce que l'on peut rêver un peu, les tandems Pino Hase, qui combinent deux positions, l'un debout et l'autre couché devant, sont les Rolls des tandems : ils permettent d'embarquer des bagages pour deux sans remorque et sont adaptables pour un duo parent/enfant, grâce à un pédalier (optionnel). Le seul obstacle à cette solution pourrait être son prix, de plus de 5 000 euros... Mais que ne ferait-on pas pour ces chers bambins ?

Des vélos de toute taille pour voyager avec des enfants de tout âge.

La petite astuce //

Attention, bon plan !

Les équipements pour enfants – remorques, bras de traction, sièges, vélos – encombrent souvent les garages et les caves. Si vous prévoyez un usage limité de vos équipements, pensez à les acheter d'occasion ! Le Bon Coin, Troc-velo.com, les foires aux vélos et les associations de réparation en regorgent : vérifiez l'état des pièces d'usure et les traces de frottement, mais ce sont souvent de bons plans.

Double-page suivante →
La remorque avec le drapeau rouge allie praticité et sécurité.

5. OÙ DORMIR ? DU CHÂTEAU

au bivouac

D'APRÈS LA DÉFINITION QUE NOUS AVONS RETENUE, LE VOYAGE À VÉLO INCLUT UNE NUIT – AU MOINS. ET RIEN NE VOUS EMPÊCHE D'EN FAIRE UNE EXPÉRIENCE MÉMORABLE. PETIT PENSE-BÊTE POUR ÉVITER QUE CELA SE TRANSFORME EN UNE NUIT DE CAUCHEMAR...

21 heures, extinction des feux ! Après une journée de balade et d'efforts en plein air, on n'a généralement plus qu'une envie : se glisser dans son sac de couchage, ou dans son lit à baldaquin ! Tout est possible, puisque vous êtes libre comme l'air ! Pour les lits à baldaquin, consulter les guides Relais & Châteaux, et pour des nuits en gîte, en yourte, en hôtel de la gare, chez l'habitant ou en bivouac, suivez nos conseils ci-dessous.

Pédaler, manger, dormir : au bout de quelques jours, la vie du voyageur à vélo se résume à ces trois verbes simples, mais ô combien importants ! Pédaler, c'est le sujet de la plupart des chapitres de ce livre ; manger et dormir, c'est une affaire trop sérieuse pour ne pas y consacrer quelques lignes fondamentales !

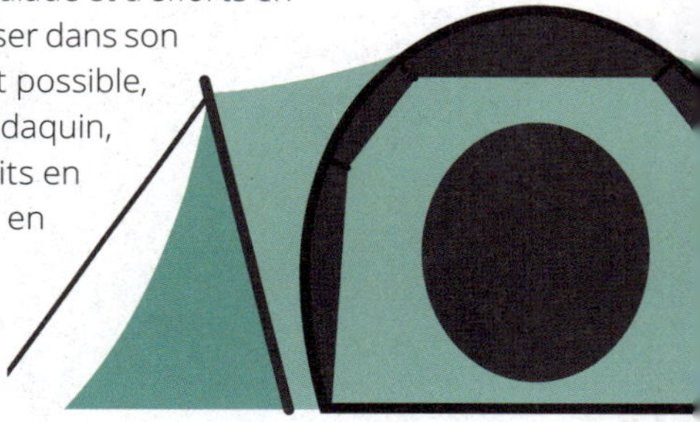

5

1 : tente à arceaux ou ossatures / **2** : tipi / **3** : tente surélevée /
4 : tente en toile tendue / **5** : tente familiale /
6 : tente de randonnée légère / **7** : hamac /
8 : sac de couchage / **9** : matelas pneumatique

1

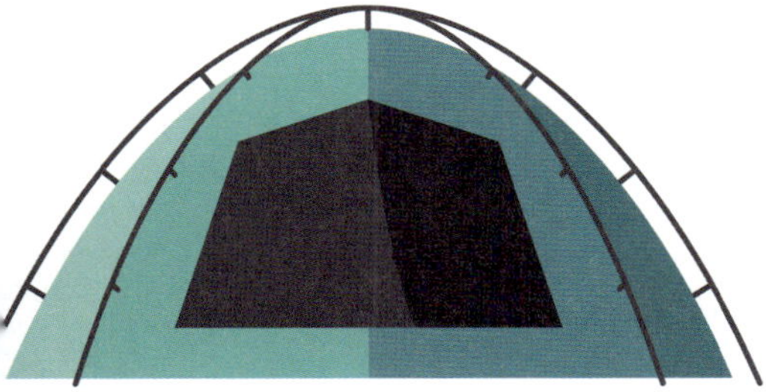

2

3

4

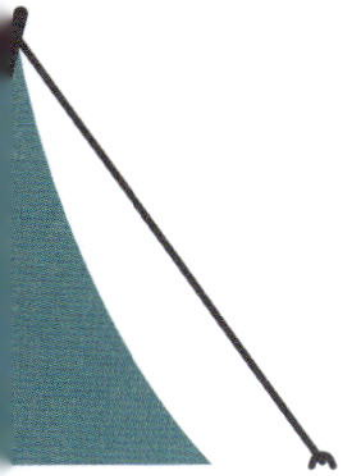

7

9

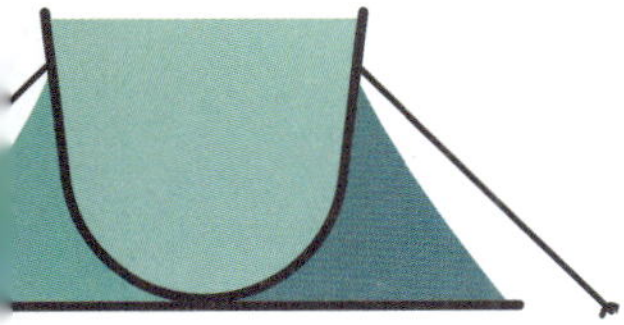

6

8

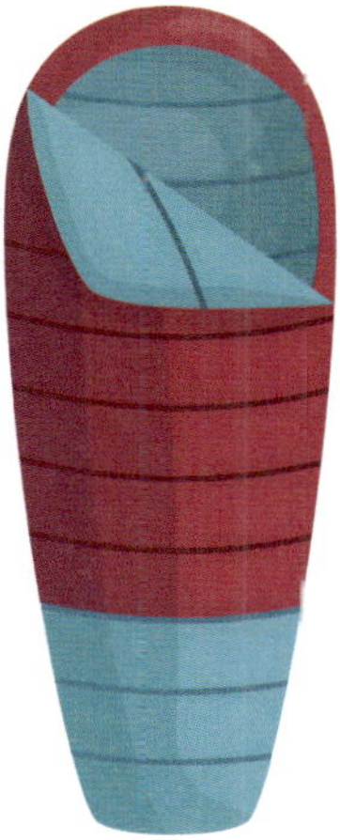

La cabane dans les arbres : un gîte confortable, amusant et... écologique !

ACCUEIL BIKE FRIENDLY

Bien dormir, cela se prépare ! Commençons par le plus simple : la nuit à l'hôtel ou en gîte, très nombreux aux abords des itinéraires.

Ici, pas ou peu de dispositions « vélo » particulières, vous préparez votre voyage comme d'habitude, avec une cerise sur le gâteau : de plus en plus d'hébergements « Accueil Vélo », dûment référencés sur www.francevelotourisme.com, sont « bike friendly », et équipés pour les cyclistes et leurs montures. Outre qu'ils rempliront vos bidons avec le sourire – mais c'est quand même partout le cas, n'exagérons pas – le cycliste bénéficie d'un grand capital sympathie –, ils proposeront également un emplacement sécurisé pour ranger votre monture, ainsi que les outils et la pompe qui vous permettront de repartir du bon pied – ou plutôt de la bonne roue ! – le lendemain matin. Ces Accueils Vélo, le plus souvent des gîtes ou des hôtels, comportent également une catégorie « hébergement insolite » : si vous voyagez en famille, dormir dans une cabane dans les arbres ou au bord d'un lac, ou même dans une yourte, ajoute un frisson d'aventure supplémentaire pour les enfants !

Bon à savoir

Bivouac : règles d'or et trucs pratiques

Le principe de base du bivouac, c'est de s'arrêter à la tombée du jour, de repartir au matin, et de ne pas laisser de traces derrière soi ! Sachant cela, le choix de l'endroit est ensuite décisif : éloignez-vous des points d'eau, froids et remplis de moustiques, et isolez-vous le plus possible du sol, conducteur de fraîcheur, et des éléments. C'est pour cela que les bivouacs sur les courses de longue distance se déroulent le plus souvent dans des abris d'autobus, des sas de banque (malheureusement de plus en plus souvent fermés), des parvis d'église, sur des tombes (oui : les cimetières sont également des points d'eau très courus !)... En bref, autant d'endroits peu glamour mais efficaces ! D'autant plus que personne ne vous y verra. Et si vous souhaitez dormir en pleine nature, c'est également possible, bien sûr : choisissez un endroit idoine, et vérifiez bien à qui appartient le terrain ! D'ailleurs, n'hésitez pas à vous signaler aux voisins : hors des villes, les gens sont souvent heureux de parler, et hospitaliers. D'ailleurs, c'est aussi un bon moyen de vous faire indiquer un meilleur spot... et éventuellement un abri s'il pleut !

Le hamac, une solution de bivouac léger.

ABONNEMENT À VIE

Un autre hébergement « spécial vélo » est également plébiscité dans la communauté grandissante des bikepackers.

Chez l'habitant, par le biais de la plateforme warmshowers.org, celle-ci rassemble 185 000 passionnés de voyages à vélo prêts à proposer une douche chaude (d'où le nom) et un abri à tout membre de la communauté, pour une nuit ou plus. Fondée sur le principe de l'échange et du partage, cette plateforme est accessible après souscription d'un abonnement à vie (de 30 euros), et fonctionne dans tous les pays. Une bonne solution pour voyager léger et rencontrer des passionnés à travers le monde !

WARMSHOWERS.org

MODE BIVOUAC

Bien sûr, vous pouvez aussi envisager de partir pour une vraie randonnée 100 % outdoor, qui implique donc de dormir dehors, sous la tente en famille, ou en bivouac léger.

C'est bien sûr une expérience que nous vous recommandons vivement, mais sachez que cela changera nécessairement la physionomie de votre voyage : la balade devient rando, vous êtes exposé aux éléments 24 heures sur 24, et il faut envisager la probabilité de chaque événement. Bref, l'autonomie, ça se prépare ! Mais en échange, vous connaîtrez le délicieux frisson de la liberté et de l'indépendance, les levers de soleil en pleine nature, le goût retrouvé de l'eau de source et les odeurs de la pleine nature !

Pour dormir sous la tente, en camping ou en pleine nature, il vous faut donc vous équiper :

1) d'une tente ;
2) d'un matelas ;
3) d'un sac de couchage.

Tous trois sont aussi indispensables pour espérer dormir dans de bonnes conditions, sachant que le sommeil est quasiment aussi important que l'alimentation et l'hydratation lorsque l'on vise des étapes un peu conséquentes (à partir de 100 kilomètres par jour, avec un dénivelé cumulé inférieur à 1 000 mètres, pour vous donner un ordre d'idées).

Les tentes aujourd'hui sont quasiment toutes de forme igloo, et composées d'une chambre, structurée par des arceaux pliants, et d'un double toit. Le tout est maintenu au sol par des sardines, à planter dans le sol (à 45 degrés minimum et sans les tordre), et tendu par quatre filins. Elles peuvent être qualifiées de 3 ou 4 saisons, selon leur résistance aux intempéries et à la neige, et leur prix varie de 25 euros à plusieurs centaines d'euros : la qualité des matériaux, le design, les trucs pratiques, le poids et l'encombrement total, surtout, expliquant ce large éventail de prix. À l'achat, arbitrez avant tout sur la robustesse du tapis de sol, la taille de l'abside (l'abri avant formé par l'espace entre le double toit et la chambre), qui permettra d'abriter les sacoches pendant la nuit, et le poids total.

Les voyageurs en solo et peu sujets à la claustrophobie, à la recherche d'un poids et d'un encombrement minimum, pourront choisir le tarp, une bâche légère et étanche pourvue de plusieurs points d'accroche, qui permet, avec un peu de pratique et d'ingéniosité, de se faire son abri pour un bivouac sommaire. Autre solution : le bivy, ou sursac, pour bien s'isoler du sol et de la pluie. Et enfin, les hamacs, à utiliser avec un matelas et un tarp, afin de se fabriquer un petit cocon douillet pour la nuit.

En mode tarp, pour bivouac tout-terrain.

Les Highlands, en Écosse, paradis des cyclistes aventureux et avides de paysages grandioses !

Bon à savoir

L'Écosse, paradis du camping sauvage

Les Highlands, les îles, les lochs, les paysages grandioses, la gentillesse des Écossais, la chaleur des pubs le soir : qui n'a jamais rêvé de parcourir l'Écosse à vélo ? C'est une aventure à tenter au moins une fois dans sa vie, avec un équipement anti-pluie à la hauteur, et en vérifiant avant si c'est la saison des midges (ces nuées de petits moucherons peuvent être une vraie nuisance) ! En Écosse, une loi de 2003 stipule : « le camping sauvage est autorisé partout (sauf dans le parc du loch Lomond et des Trossachs en été) : feel free to ride in Scotland, vous ne le regretterez pas ! »

La petite astuce //

Sortez de nuit !

Pourquoi s'arrêter ? On peut aussi rouler de nuit, si on est visible (gilet phosphorescent, lampe avant à 600 lumens et éclairage arrière obligatoires) motivé et entraîné ! On pénètre dans un nouvel univers, celui de l'ultralongue distance, des microsiestes, des étapes à rallonge.. Que ce soit le PBP (Paris-Brest-Paris), les Born-To-Ride (BTR) et autres TCR (Transcontinental Race), toutes ces courses débutent avec une étape de nuit, et il faut compter des journées à rallonge pour les terminer dans les temps. La nuit, tout change : on roule moins vite, on est sur le qui-vive, les arbres prennent des dimensions fantomatiques, et on est seul avec le silence... et le bruit de ses moyeux. C'est un autre monde, qu'il faut apprivoiser et dont on sort transformé. Essayez, vous verrez !

Les voyages (et les bivouacs) de nuit donnent une autre dimension à la randonnée vélo : elle devient féerique !

Votre duvet, doux cocon.

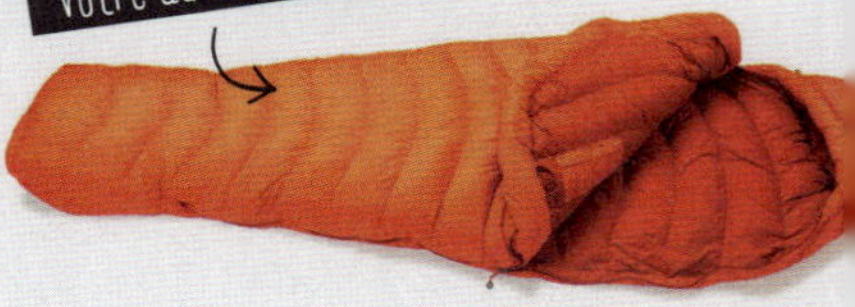

LES MEILLEURS AMIS DE LA NUIT

Le matelas est, on l'a dit, un élément déterminant de la qualité de vos nuits, et donc de vos journées !

Exit le carrémat et le tapis de yoga, encombrants, lourds et peu durables… Ici, le consensus s'est clairement établi en faveur des matelas de petite taille, venus de la randonnée en montagne et des avancées du trekking : légers, compacts, techniques, ils sont généralement autogonflants, ou prétendus tels (il faut souvent les aider un peu). Efficaces et (relativement) confortables, ils peuvent être en revanche un peu sensibles : faites attention où vous les posez, cela vous évitera le fameux petit caillou au milieu du dos pendant toute la nuit. Deux tailles existent : toute la longueur du corps, ou 1,20 mètre, ce qui peut s'avérer un peu court… mais est parfait pour les enfants !

Quant aux duvets, ici aussi, le choix est large : de 25 euros à plusieurs centaines d'euros, conçus pour tous les climats, de 15 à moins 25 °C. Choisissez un duvet adapté à vos randonnées, et n'hésitez pas à le prendre assez chaud pour supporter quelques degrés de moins qu'attendu : les températures chutent vite en plein air, et si on ne s'en rend pas compte lorsque l'on est actif, on le ressent très vite lorsque l'on est immobile dans son duvet, sans aucun moyen de se réchauffer… et la nuit devient alors très longue !

Vous verrez, à l'usage, que la vie au grand air fait entrer dans une nouvelle dimension, où tout est décuplé : la liberté, avant tout, mais aussi les besoins primaires, se nourrir, se laver, se changer, se reposer. L'autonomie est aussi une exigence ! Pour varier les plaisirs, n'hésitez pas à varier les hébergements, et alternez bivouacs, nuits en camping et nuits en « dur », chez l'habitant ou en gîte… Tous les plaisirs sont décuplés, autant en profiter !

Bon à savoir

Le bon coup de fil

Vous utilisez une plateforme de réservation en ligne ? Notez les disponibilités et les adresses, puis passez un coup de fil à l'hôtel : c'est un petit geste unanimement apprécié des professionnels, qui permet de réserver de vive voix, de recueillir plus de renseignements et plus vite, et accessoirement de permettre aux hôteliers de faire leur métier !

Chambre avec vue.

Choisissez avec soin l'endroit où vous passerez la nuit après une longue journée à vélo : de ce choix dépend la qualité de votre voyage.

6. PRÉPARER

son itinéraire

PUISQUE VOUS AVEZ CE LIVRE EN MAIN, VOUS ÊTES PRESQUE SUR LE DÉPART ! MAIS UN ITINÉRAIRE, ÇA SE PRÉPARE, ET ENSUITE, IL S'AGIT DE LE SUIVRE : PETIT GUIDE DU ROUTAGE À VÉLO, ET PANORAMA DES OUTILS DISPONIBLES.

Préparer son voyage, c'est déjà partir ! Le soir, en hiver, au coin du feu, penser à son itinéraire, regarder ses cartes et ses haltes, ou faire sa trace (pour les bikepackers équipés d'un GPS), c'est une bonne partie du voyage ! Différents supports existent, sur papier ou sur Internet, évidemment, et tous ont leurs défauts et leurs qualités : mais dans tous les cas, un itinéraire se prépare, avec plus ou moins de minutie selon votre degré de prévoyance. Envisager la route, les étapes, considérer les différentes options permet de ne pas être pris au dépourvu. Et il faut bien se rappeler une règle d'or : tout ce qui a l'air très facile dans son canapé devient très différent une fois que l'on y est vraiment ! La traversée d'une ville n'est jamais aisée, ce petit bout de nationale, sous la pluie, à l'heure de pointe, est en fait un vrai danger (et c'est souvent une quatre-voies), et le dénivelé positif n'est plus un simple nombre, mais bien des kilomètres de montée qui s'accumulent dans les jambes.

1 : mitaine / **2** : cuissard / **3** : casque/ **4** : pompe à vélo /
5 : antivol / **6** : Smartphone / **7** : GPS /
8 : carnet de voyage et guide de voyage / **9** : carte routière

9

3
8
2
1
7
4
6
5

Pochette pour ranger et protéger son téléphone avant de le caler sur le guidon du vélo.

LA BONNE APPLI

Nous avons maintenant quasiment tous un Smartphone équipé d'Internet et d'un GPS.

Google Maps, Mappy, Viamichelin, pour ne citer que quelques-unes des applis les plus courantes, sont évidemment de précieuses aides à la navigation. Réglez-les bien sur la configuration « vélo », vérifiez également que l'itinéraire vélo proposé est bien praticable (la route forestière n'est pas toujours la plus évidente), et vous voilà facilement rerouté ! En outre, vous pouvez également bien sûr télécharger Strava, l'appli (payante sur abonnement) la plus connue des cyclistes, sur laquelle vous aurez téléchargé votre trace, ou bien Komoot (la petite nouvelle qui monte, payante également, mais en une seule fois), plus intuitive pour dessiner sa trace (de préférence sur PC, puis l'enregistrer dans l'appli pour plus de confort et de précision), selon le terme consacré. On voit aujourd'hui de plus en plus de supports de Smartphone sur les guidons, et même certains cyclistes aguerris s'y mettent désormais. Il est vrai que toutes les fonctions sont réunies en un seul terminal, mais il faut bien considérer certains aspects vitaux.

1. La robustesse et la compacité du support : privilégiez un support de type Quadlock, car il n'y a rien de pire que les housses premier prix mal fixées qui ballottent toute la journée.

2. La protection face aux intempéries : il peut pleuvoir, et les Smartphones n'aiment pas ça du tout !

3. Les faiblesses du Smartphone seul : d'une part, l'écran est quasiment illisible en plein soleil ; d'autre part, l'autonomie est limitée, et d'autant plus quand les applis tournent à plein régime... Au bout de cinq heures, au mieux, on se retrouve à plat ! Donc, c'est à vous de voir, sachant que, quoi qu'il arrive, votre Smartphone pourra vous sauver, mais il vaut mieux l'utiliser avec parcimonie, et l'éteindre quand vous ne vous en servez pas. Cela vous permettra également de déconnecter de votre vie quotidienne, de vos notifications et de vos mails, et c'est bien pour ça qu'on part !

Cale pour Smartph

Pour se repérer en ville, rien ne vaut un bon GPS calé sur le guidon du vélo.

Cale pour Smartphone.

DES SITES SPÉCIALISÉS DÉDIÉS

FRANCE VÉLO TOURISME

Pour préparer votre voyage, outre les guides dédiés à votre route et les éventuelles cartes IGN, dont certaines sont maintenant spécialement consacrées aux véloroutes, Internet est bien sûr incontournable. Citons tout d'abord www.francevelotourisme.com, LE site de toutes les routes à vélo de France : un travail phénoménal, fourni par cette association de tous les acteurs du tourisme cycliste français, qui a abouti à une carte interactive de toutes les routes de France, détaillées, étape par étape, avec toutes les données nécessaires à la préparation de vos journées, à la carte (pas géographique, l'autre carte, celle du restaurant !). En prime, la carte est augmentée de différents filtres permettant de choisir la difficulté, la durée, le type de cyclisme, etc. Enfin, le site référence tous les Accueils Vélo à moins de 5 km du parcours : les hébergements, les loueurs, les boutiques et réparateurs, bref, tous les amis du cycliste répertoriés dans la région, qui s'engagent à fournir un accueil éclairé et chaleureux à tous !

SITES ET FORUMS À GO GO

Ensuite, la préparation du voyage peut s'enrichir de toutes les ressources cyclistes qu'Internet met à votre disposition : les blogs et carnets de voyage, les forums, les sites dédiés aux régions, les hébergements, etc. Dans ce domaine, comme toujours sur Internet, tout est accessible, tout est disponible, et toutes les infos existent, à portée de clic ! N'hésitez pas non plus à visiter les bibliothèques d'itinéraires tracés et répertoriés par les utilisateurs de Geovelo, Strava, OpenRunner et Komoot, pour ne citer que ces quatre applis : il serait bien étonnant que quelqu'un n'ait pas déjà étrenné des segments de la route que vous souhaitez prendre !

Des cales particulières existent pour vélos, en vente chez tous les bons vélocistes.

Aujourd'hui, la plupart des vélos sont conçus pour pouvoir supporter un téléphone ou un GPS.

RETROUVER SA ROUTE : LE GPS

Selon votre niveau d'équipement, et votre goût pour la technologie, vous serez vite tenté de vous équiper d'un GPS pour vélo, votre ordinateur de bord portatif.

À la fois compteur, altimètre, relais de votre Smartphone, mémoire et carte portative de votre itinéraire, cet outil est un formidable joujou high-tech ! C'est un investissement – entre 150 et 800 euros, selon les marques (Garmin, Wahoo, Bryton et Polar étant les plus connues) le nombre de fonctionnalités, la taille de l'écran, le design, etc. – et il nécessite une certaine prise en main pour le faire fonctionner correctement : il faut en effet apprendre à faire sa trace sur son PC (ce qui est tout un art), exporter le fichier .gpx sur son GPS, puis apprendre à rouler en suivant ses indications, sans paniquer non plus lorsque l'on perd la trace !

Enfin, il reste une dernière donnée à intégrer : l'autonomie du GPS, forcément limitée par la batterie. Et là, plusieurs solutions s'offrent à vous : recharger votre GPS régulièrement, à l'étape et parfois aux pauses ; vous munir d'une batterie externe (Power Bank), un appendice de plus en plus compact et généralisé ; ou encore équiper votre roue avant d'un moyeu dynamo et d'une batterie tampon. Cette dernière solution, qui vous permettra également de brancher un éclairage puissant, constitue bien sûr le nec plus ultra du vélo de voyage !

La petite astuce //

Un roadbook toujours avec vous !

Roadbook pour noter les étapes clés du parcours : utile en cas de panne ou de batterie à plat !

Votre roadbook, c'est ce qu'il vous reste quand tout est déchargé – et/ou trempé ! Pendant que vous préparez votre itinéraire, notez les différentes villes sur votre parcours, ainsi que les principales routes que vous allez emprunter. Car c'est à vélo, au détour d'un rond-point, que ce petit panneau jaune, sur lequel est simplement écrit D 964, vous apparaîtra dans sa splendide utilité ! Pour en revenir au roadbook, tous les supports sont bons, de la feuille manuscrite (on en voit encore !) au tableau Excel, avec les kilométrages successifs, et tous les détails qui vous sembleront utiles. Le simple fait d'écrire votre parcours vous permettra de l'apprendre quasiment par cœur – tout comme les antisèches à l'école qui, une fois prêtes, n'étaient souvent plus nécessaires – et de le visualiser à l'avance. Mais, une fois en route, abritez-le des intempéries dans une pochette plastique, et cela vous fera un aide-mémoire très rassurant !

Les applications spéciales vélos se multiplient, qui permettent de constituer des itinéraires adaptés à chacun.

À vélo, ne passez pas le temps la tête dans votre carte. Levez les yeux, le paysage vous guide...

Bon à savoir

À chacun son tour !

Le principal intérêt du vélo, c'est la liberté de relier un point A à un point B en passant par une multitude de points intermédiaires ! Et l'autre intérêt, c'est de se concocter son voyage à la carte, en se notant quelques points à ne pas rater. Luc Royer, le fondateur de Chilkoot, la Compagnie des Pionniers, est un maître de ces raids d'ultralongue distance avec un petit supplément d'âme : les Confluences, la Born to Ride, sa grande course dont l'itinéraire change chaque année, ainsi que tous ses événements, ont tous un thème spécifique, qui ajoute un peu de poésie au voyage, et de quoi rêvasser pendant les longues heures de selle. Et vous, quel voyage vous construirez-vous ? Un tour de la famille, pour rendre visite à des cousins normalement éloignés ? Un tour de l'arbre généalogique, pour visiter les lieux qui ont marqué votre histoire familiale ? Un tour des cathédrales ? Un tour des plages ? Un tour de votre département ? Et n'hésitez pas à donner un nom à votre expédition, cela contribue à créer l'événement et à motiver les troupes. Vous emmenez les jeunes de votre famille ? Appelez cela la Croisière jeune, expliquez la référence (à la Croisière jaune de Citroën, évidemment !), et vous verrez qu'ils seront tous là !

LES GRANDES LIGNES DU PAYSAGE

Une fois en route, outre votre GPS, le GPS de votre téléphone, votre roadbook, et nonobstant tous vos préparatifs et les balisages existants, de plus en plus nombreux et de plus en plus visibles, n'oubliez pas votre sens de l'orientation, et levez le nez !

Même si cela va sans dire, on peut toujours garder son azimut (l'orientation générale de votre route) à l'esprit : si l'on a au programme toute une journée orientée plein ouest et que l'on roule pendant une heure, le matin, avec le soleil dans le dos, c'est qu'il y a un problème… Et c'est l'inverse l'après-midi, puisque le soleil tourne ! De même, apprenez à lire le paysage, au moins dans ses grandes lignes : repérer la ligne de la route, le col à passer, vous permet de faire un point rapide sur votre parcours ! Et c'est une grande partie du plaisir du voyage à vélo, par rapport à la randonnée pédestre, où les distances parcourues sont moindres : jeter un coup d'œil à l'horizon, et se dire : « Dans une heure (ou deux, ou trois, peu importe), je serai là ! », puis y arriver, reprendre un repère et recommencer…

Lorsque l'on roule à un bon rythme, par exemple dans le cadre d'une rando longue distance, les vallées, les paysages se déroulent comme une série de vagues, on traverse différents climats dans une journée, et à l'arrivée, les gens n'ont plus le même accent qu'au départ ! Et ici encore, un dernier conseil avisé : demander son chemin, au café ou dans un village, c'est souvent une bonne idée pour trouver la meilleure route. Quelqu'un qui est né là connaîtra toujours mieux sa région qu'un satellite, et cela ajoute aussi du plaisir, de l'imprévu, de l'humain au voyage.

Partir en vacances à vélo, choisir le parcours qui vous conviendra le mieux.

Bon à savoir

Maps.me

C'est souvent quand on a besoin du GPS qu'il n'y a plus de réseau, évidemment : une zone blanche, par définition, c'est plutôt désertique ! Pour éviter ça, l'application maps.me (mapswithme) vous permet de télécharger, en préparant votre voyage, les cartes des zones que vous allez traverser, et d'y accéder même sans connexion WiFi.

7. ROULER EN TOUTE sécurité

CODE DE LA ROUTE, ACCIDENTOLOGIE, CONSEILS ET TRUCS PRATIQUES : LE VÉLO, C'EST LA LIBERTÉ, MAIS ON N'EST PAS TOUJOURS TOUT SEUL, D'UNE PART.ET D'AUTRE PART, ROULER À VÉLO EN TOUTE SÉCURITÉ, ÇA S'APPREND ET ÇA SE TRAVAILLE.

Commençons par rappeler une évidence : le Code de la route s'applique à tous les usagers de la route, cyclistes compris ! Les règles, élaborées pour la sécurité des usagers – et non pas seulement pour dresser des procès-verbaux –, permettent de circuler ensemble, et en bonne intelligence. C'est d'autant plus vrai que nous sommes maintenant de très nombreux cyclistes sur les routes. Nous ne pouvons plus nous considérer comme des cow-boys solitaires qui s'insèrent comme bon leur semble dans le trafic, au mépris de toutes les règles et au péril de sa propre vie ! Pour une raison toute simple : un cycliste qui passe au rouge (pour lui) est aujourd'hui suivi de tout un groupe, ce qui multiplie les risques et crée de nouveaux facteurs de confusion… et d'embouteillages.

6

1 : piste cyclable / 2 : tourne à droite / **3 :** contre-sens toléré / **4 :** sens interdit sauf vélo / **5 :** piste ou bande obligatoire pour les cycles (début et fin) / **6 :** interdit aux vélos / **7 :** double-sens cyclable : voie à double-sens pour les vélos et à sens unique pour les autres véhicules / **8 :** signalisation d'une voie verte, réservée aux piétons, aux cavaliers et aux véhicules non-motorisés / **9 :** voie non partagée

1

2

3

4

5

7

8

9

Le panneau « Tourne à droite », une innovation bien pensée !

CODE DE LA ROUTE POUR VÉLO

Autant prendre le pli dès maintenant, changer nos habitudes si nous en avions de mauvaises, cela permettra d'éduquer les jeunes générations, et d'éviter les contraventions !

En effet, vu le nombre grandissant de cyclistes et celui, également croissant, d'infrastructures dédiées – véloroutes, pistes cyclables, aménagements divers –, la police devient également plus sévère avec les cyclistes. Et là, soyons fair-play : cela a un sens !

Ainsi, à l'été 2020, la campagne de sensibilisation/répression pour le port des gilets réfléchissants et/ou l'éclairage, notamment dans les Alpes, avait un sens : il n'y a rien de moins visible qu'un cycliste sans éclairage dans un tunnel de montagne non éclairé, surtout par beau temps, où le soleil éblouit les conducteurs à la sortie. De même, l'interdiction des oreillettes (et du téléphone à la main) permet d'être plus conscient de son environnement, et concentré sur la circulation.

Par ailleurs, des aménagements du Code de la route sont pensés en faveur des cyclistes : le fameux panneau « Tourne-à-droite » en est un bel exemple. À certains feux, il est désormais possible de passer au rouge, en laissant la priorité aux piétons et aux véhicules ayant le feu vert, lorsque l'on tourne à droite. De même, le double sens cycliste, dans les rues étroites, est une avancée : n'oublions tout de même pas que nous ne sommes pas systématiquement prioritaires, ni seuls au monde ! Ce qui nous mène à la première règle : tendre le bras avant de changer de direction, à gauche ou à droite, est tout aussi obligatoire que le clignotant en voiture.

Attention danger : le cycliste est ici dans l'angle mort du bus

Les pistes cyclables, l'avenir de nos villes.

RÈGLES SPÉCIALES VÉLO DE VILLE

Pour circuler en ville, quelques règles de bon sens s'appliquent aux cyclistes.

Tout d'abord, n'oublions pas que le piéton est systématiquement prioritaire, et adaptons-nous à lui, notamment dans les zones de rencontre, où la vitesse est limitée à 20 km/heure. Il est par ailleurs interdit de rouler sur les trottoirs (sauf aux enfants de moins de 8 ans), et il est obligatoire de rouler au pas dans les zones piétonnes. Les pistes cyclables nous sont réservées, et si elles ne sont pas obligatoires, soyons des cyclistes civiques. Et les sas vélo, aux feux, nous sont aussi réservés : allons-y, et soyons visibles !

Cela nous amène d'ailleurs à un point sensible : si nous devons rouler à droite, sur route ouverte, n'oublions pas non plus les angles morts des bus et poids lourds, qui se situent très exactement à l'arrière droit de leur véhicule… et qui causent le plus grand nombre d'accidents mortels sur la route. Et dans ces accidents mortels en ville, les femmes sont surreprésentées : à Paris, en 2019, seize femmes sont décédées dans ce type d'accidents, contre huit hommes, et ces chiffres sont comparables dans les autres capitales européennes. L'une des explications avancées à ce phénomène réside dans le (trop) grand respect du Code de la route par les femmes comparées aux hommes. Donc, sans pour autant tricher, roulons avec bon sens… et fuyons les camions – ainsi que les portières qui s'ouvrent brusquement, justement du côté droit de la chaussée !

Il est permis de rouler de front, mais la ligne jaune est normalement infranchissable à vélo.

À DROITE TOUTE ?

Hors agglomération, et hors des pistes cyclables et véloroutes, les cyclistes roulent à droite, mais ici aussi, avec discernement.

Maintenez-vous à distance des ornières et des gravillons du bas-côté, et rangez-vous lorsque les voitures vous dépassent. Soyez particulièrement prudent lors du passage des camions : l'appel d'air risque de vous déséquilibrer. Enfin, tenez la corde (ou l'extérieur) dans les virages : serrez au maximum à droite, car les voitures ne vous voient qu'au dernier moment. Lorsque vous roulez en groupe, privilégiez la file indienne. Mais il est également permis de rouler à deux de front, contrairement à ce que pensent beaucoup d'automobilistes : bien sûr, le cycliste de gauche se rabat pour laisser doubler lorsque cela est nécessaire. La nuit en revanche, en groupe, la file indienne est obligatoire !

Pense-bête !

Dans le rétro !

Lorsque l'on roule en famille, la règle est simple : un adulte devant, le ou les enfants au milieu, et un adulte derrière, qui ferme la marche et joue le rôle du chien de berger, en rabattant les enfants qui ont tendance à musarder : « Bertille, tiens ta droite ! Léo, rattrape maman ! » Il lui revient également de prévenir le groupe de la présence d'une voiture à l'arrière, en criant (beuglant) : « VOITURE ! » Et pour le leader, qui doit constamment adapter sa vitesse à son groupe, que l'on soit en famille ou en peloton, un petit rétroviseur permet de voir si tout le monde suit sans avoir à se dévisser le cou.

ROULER GROUPÉS !

Autre recommandation, issue de la Sécurité routière.

Si votre groupe est formé de plus de dix cyclistes, scindez-le en deux, pour occuper moins d'espace sur la route et pour votre propre sécurité. En effet, les chutes dans le « peloton » sont possibles, et autant limiter la casse.

Par ailleurs, rouler en groupe nécessite une petite discipline, facile à acquérir, et un peu d'habitude. Tout d'abord, rouler autant que possible à une vitesse régulière, et sans à-coups, afin de ne pas surprendre le cycliste derrière soi. Et dans cette configuration, en groupe, il est vital de communiquer, à l'oral et par gestes : le bras tendu à gauche et à droite pour tourner, le bras levé pour signaler un arrêt (à l'avance !) ainsi que les obstacles (nids-de-poule, banquettes, rigoles, rails de tramway...) avec le doigt tendu vers la chaussée.

1 : tourne à gauche / **2** : tourre à droite / **3** : freinage / **4** : obstacle, rabattez-vous ! / **5** : attention, n d de poule

Du gros son à vélo !

La petite astuce //

L'enceinte portative, un gadget à oser ?

Les écouteurs sont interdits, mais pas les enceintes portatives. Si elles ne sont pas discrètes – ni agréables – en ville, rien ne vous empêche de mettre la musique à fond en pleine campagne. Le moral des troupes baisse, et la moyenne aussi ? Un petit coup de Wagner (La Chevauchée des Walkyries, évidemment !), de Kraftwerk (Tour de France, of course !), ou une rythmique de percussions (comme dans les galères) et tout le monde repart du bon pied. Et sinon, vous verrez que l'on a aussi très vite envie de chanter à tue-tête dans les grandes étendues.

Piste obligatoire pour vélo.

Bon à savoir

Attention aux glissades !

La pluie n'est jamais l'amie du cycliste, d'autant plus qu'elle rend la chaussée glissante. Petit guide des précautions d'usage et des situations où redoubler de vigilance. Tout d'abord, la route devient spécialement glissante quand il pleut pour la première fois depuis longtemps à cause de la poussière accumulée. C'est là qu'on dit, en langage cycliste, que le « pavé est gras ». De même, avec les feuilles mortes d'ailleurs ! Faites également attention aux ronds-points, souvent en dévers : avec la pluie et l'angle du virage, on peut facilement terminer les quatre fers en l'air, sur le bas-côté. Enfin, soyez également très attentif aux flaques d'essence, aux reflets irisés facilement repérables : elles transforment la route en patinoire !

Bikeway to heaven !

Le feu vélo, à respecter (aussi) !

UN MOYEN DE TRANSPORT UNIQUE ET JOYEUX !

Enfin, une dernière recommandation, de l'ordre du savoir-vivre : ne devenons pas des automobilistes (même si beaucoup d'entre nous ont également une voiture) !

En tant que cyclistes, nous nous devons de répandre notre bonne humeur ! Il ne s'agit bien sûr pas de se laisser malmener, mais ne nous transformons pas en justiciers de la route : un sourire, une boutade ou un simple geste de courtoisie, en laissant par exemple passer une voiture de temps en temps, cela instaure une meilleure ambiance et rend la vie bien plus facile !

Les gants, toujours utiles pour ne pas s'abîmer les mains en tombant.

La petite astuce //

Apprendre à tomber !

La blessure la plus fréquente à vélo est la fracture de la clavicule : on essaie toujours de se retenir avec la main et le bras tendu, et c'est ainsi que l'on se blesse. C'est pour cela que le port de gants ou de mitaines est toujours recommandé, car les mains entrent inévitablement en contact avec le sol. Ensuite, il est important d'entretenir sa souplesse et de s'entraîner comme pour une chute avant au judo : on s'enroule et se déroule autour de son épaule, en s'éjectant de son vélo, puis en accompagnant la chute. C'est plus facile à écrire qu'à faire, mais on peut, si l'on en a le courage, s'entraîner sur l'herbe.

Double-page suivante
Pause vélo avec un tarp et quelques provisions.

8. L'ALIMENTATION, CARBURANT

du cycliste

À VÉLO, LE MOTEUR, C'EST VOUS : VOS JAMBES, VOS POUMONS, VOTRE CŒUR ET VOTRE ÉNERGIE ! ET LE VOYAGE À VÉLO, C'EST UNE OCCASION DE SE RENDRE COMPTE À QUEL POINT VOTRE ALIMENTATION EST VOTRE CARBURANT. ALORS, COMMENT MANGER, QUOI ET QUAND ?

D'abord, une bonne nouvelle : quand on se dépense toute la journée, on brûle des calories, et on a besoin de recharger régulièrement la chaudière. Deuxième bonne nouvelle : c'est pendant un effort de modéré à soutenu et de longue durée (plus d'une heure) que l'on puise dans ses réserves. En effet, pour schématiser, on ne brûle que les glucides pendant la première heure, puis on passe aux lipides. Et comme deux bonnes nouvelles n'arrivent jamais seules, voici la troisième, empirique mais largement partagée : en pédalant au grand air, l'esprit libre et à même d'écouter ses sensations, on apprend à connaître ses besoins, et on adopte presque naturellement le régime et les aliments qui nous conviennent le mieux. Ne nous mentons pas : on part en voyage à vélo pour tous les bienfaits physiologiques de ce sport, et aussi pour rentrer en forme, reposé et – un peu – plus affûté !

1 : noix de Macadamia / **2** : bidon à eau ou gourde à vélo / **3** : bidon à eau ou gourde à vélo / **4** : fruits / **5** : noix / **6** : *energy balls* (ou barre de céréales) / **7** : bidon à eau grande taille / **8** : noisettes / **9** : pâtes (sucres lents) / **10** : camping-gaz

10
2
1
3
9
4
8
6
7
5

À CHACUN SA PHILOSOPHIE !

Nous n'aborderons pas ici les arcanes de la nutrition, devenue une vraie science chez les cyclistes professionnels (comme chez les amateurs fanatiques), voire une religion, avec ses nombreuses chapelles.

Entre les régimes low carb, les différentes catégories de glucides et de glycogènes, les gels, poudres à boisson et barres hypervitaminées, pour ne citer que quelques exemples, chaque approche a ses bienfaits et ses défenseurs, mais il est impossible de suivre tous les avis en même temps. Si l'on ajoute à cela les dimensions bio et végétariennes, de plus en plus prégnantes – et tout à fait dignes d'intérêt, d'ailleurs –, les choses se compliquent encore, et il se trouve toujours quelqu'un pour vous dire que vous faites complètement fausse route. Nous nous contenterons donc d'évoquer deux lignes de conduite à tenir.

En premier lieu, Gnothi seauton, ou « Connais-toi toi-même » : c'est l'aboutissement de la philosophie de Socrate, et c'est un bon principe en toute circonstance. Ensuite, suivre un autre glorieux aîné (un peu plus actuel) : Bernard Hinault, vainqueur de cinq Tours de France, connu pour manger ce qu'il voulait quand il le voulait… et gagner. Car le Blaireau (son surnom) est omnivore !

Transporter son bidon, facile en vélo !

Pense-bête

Un petit quelque chose dans le bidon !

L'hydratation est bien sûr à ne pas négliger. Dans vos deux bidons (nom officiel des gourdes à vélo), vous pouvez – et devez – bien sûr mettre de l'eau, en les rechargeant régulièrement : selon l'intensité de la journée, on boit de deux à quatre litres par jour ! En cyclosportive, en triathlon ou en longue distance, la boisson permet également d'ingérer des nutriments facilement lorsque l'on commence à avoir du mal à mâcher et à déglutir (oui, ça finit par arriver !) : les poudres et gels spécifiques sont adaptés à ces efforts de forte intensité, et on peut bien sûr les tester. Mais il est également possible de préparer sa boisson maison. **La recette ?** 5 à 7 cuillerées à café de sucre de canne complet ou roux (le sucre blanc, trop raffiné, n'est pas conseillé), 2 pincées de sel, et le jus d'un citron – pour un goût mojito, du citron vert !

Ceci n'est pas une gourde !

Bien s'alimenter permet d'aller plus loin...

LOCAL, NATUREL ET... SOUVENT !

Ces précautions étant posées, que manger en voyage à vélo ? Car on a faim quand on pédale, et la perspective de la bière de l'apéritif et du dîner du soir en font avancer plus d'un(e) !

Tout d'abord, mangeons local. La France est LE pays de la gastronomie, et c'est un attrait essentiel de ces voyages : s'arrêter sur un marché dans la matinée, acheter son déjeuner et ses fruits avant d'aller pique-niquer procure un sentiment de liberté et de plaisir inégalable !

Ensuite, mangeons naturel. On sait maintenant que les aliments ultratransformés issus de l'industrie agroalimentaire sont pleins de calories vides sans aucune valeur nutritive. Exit le sandwich de station-service, place au sandwich que l'on aura confectionné soi-même. À ce sujet, en voyage à vélo comme dans tout type de randonnée, un bon couteau de poche est votre plus fidèle compagnon !

Enfin, mangeons régulièrement. Oui, à vélo, on peut manger entre les repas, et c'est même recommandé ! Il est important de s'alimenter lors des pauses, et de recharger ses batteries en glucides, bien sûr, mais aussi en sodium (important pour éviter les crampes !) et tout le reste : lipides, protides et autres nutriments nécessaires. Ici, plusieurs options s'offrent à vous, et il est intéressant de les tester pour choisir ce qui vous plaît le plus... sans oublier de varier les plaisirs : l'ennui naquit un jour de l'uniformité !

LES ALIMENTS STAR

Petit tour d'horizon des différentes possibilités.

Tout d'abord, les barres : les barres chocolatées industrielles s'éliminent d'elles-mêmes, d'une part parce que ce sont des concentrés de malbouffe, et d'autre part parce qu'elles fondent immédiatement dans les poches et les sacoches ! Les barres de céréales sont plus adaptées, mais attention à ne pas en abuser, car certains organismes ne les digèrent plus au bout d'un moment. Enfin, pensez aux fruits secs, durs ou moelleux : ils contiennent 3 à 4 fois plus de nutriments que les fruits frais, et ils peuvent être consommés en petites portions... ce sont les bonbons de la nature ! Attention toutefois aux fibres et à leur effet laxatif, dans les pruneaux ou les dattes, notamment.

Vous souhaitez cuisiner vous-même à l'étape ? L'équipement – une popote en alu, un quart, une fourchette, une bonbonne de gaz et son brûleur, ainsi que du sel (très important !) – nécessite un peu de place, mais c'est tout à fait envisageable (si vous avez des sacoches !), et les enfants adoreront ce moment de camping. Bien sûr, vous adapterez vos recettes aux conditions, plus rudimentaires qu'une cuisine : pensez aux temps de cuisson et à vos réserves de gaz, et variez des pâtes ! Le riz, le quinoa, les légumineuses de tout type, les purées sont également de très bonnes réserves de glucides lents, indispensables pour l'étape du lendemain.

Hydratez-vous régulièrement !

Les sacoches sont un bon outil pour transporter la nourriture dont on a besoin, dont les sucres lents.

La petite astuce //

Faites vos *energy balls* !

Le fait maison, c'est toujours meilleur, et on sait ce qu'il y a dedans ! Pour remplacer les barres de céréales, les energy balls – en anglais, évidemment – sont faciles à préparer, et on trouve des dizaines de recettes sur Internet. La base ? Des fruits secs (amandes, noix de cajou, dattes, figues, etc.), des graines (chia, sésame, etc.), de l'eau, un blender et un frigo : quinze minutes de préparation, deux heures au frais, et une semaine de conservation.

Indispensables barres de céréales aux fruits.

9. LES TRANSPORTS ET LE VÉLO : JE T'AIME,

moi non plus !

LE VÉLO, C'EST LA LIBERTÉ, ON L'A DÉJÀ DIT. MAIS QUAND ON EST DESSUS ! PARCE QUE SINON, C'EST ENCOMBRANT ET PEU PRATIQUE, IL FAUT BIEN LE DIRE : GUIDE PRATIQUE DU VOYAGE AVEC UN VÉLO – ET LA NUANCE EST DE TAILLE !

Vous avez choisi votre itinéraire, reste maintenant à vous rendre à votre point de départ, et à enfourcher votre monture ! Et ce n'est pas forcément le plus simple. Envisageons l'ensemble des cas de figure.

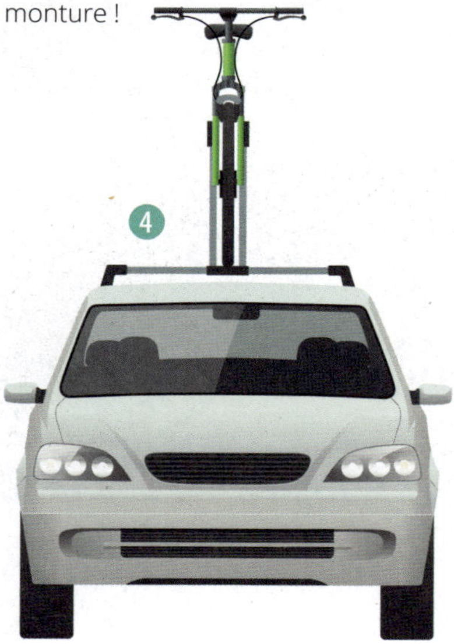

1 : train grande vitesse (TGV) /
2 : porte-vélos d'attelage arrière /
3 : porte-vélos de coffre / **4** : porte-vélos de toit /
5 : porte-vélos de toit (bis) / **6** : barre de toit /
7 : support pour porte-vélos d'attelage

5

3

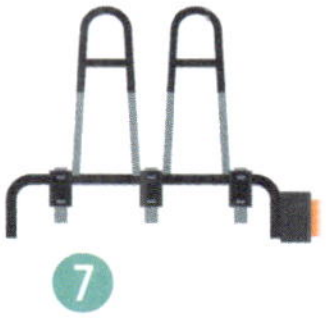
7

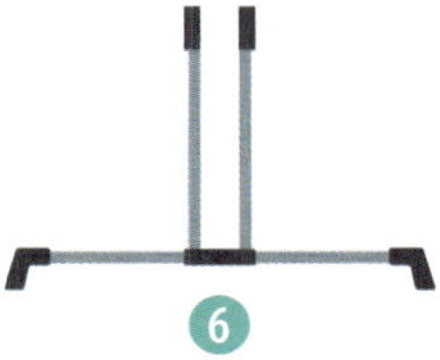
6

2

1

SANS VÉLO, SANS VOITURE

En premier lieu, vous êtes totalement novice, et vous n'avez ni vélo, ni équipement, ni voiture : eh bien, paradoxalement, vous n'êtes pas le plus mal loti !

En effet, en vous y prenant un peu à l'avance, il vous sera possible de louer monture et sacoches aux abords de votre circuit : c'est l'un des services garantis par l'Accueil vélo tourisme, qui ne manque d'ailleurs pas d'attrait. En effet, c'est un bon moyen de tester votre premier voyage sans trop d'investissements, et de rallier votre point de départ les mains (presque) dans les poches.

La petite astuce // Vélo en pièces détachées

Cette solution artisanale est de moins en moins bien vue, mais elle peut se tenter en cas d'extrême urgence. Les ingrédients de base ? Du film alimentaire, de l'adhésif, de la ficelle : vous démontez votre vélo, vous empaquetez tout ça le plus proprement possible, et vous le rangez discrètement dans un coin du train, en faisant bien attention à ce que rien ne dépasse ! Vous pouvez également récupérer des cartons d'emballage de grande taille dans un magasin de bricolage ou, mieux, de vélo. Ces solutions valent ce qu'elles valent, et elles impliquent que vous disposiez de suffisamment de temps avant de prendre le train !

Comment fait-on rentrer cinq cyclistes dans une voiture ?

Vélo pliant... plié.

Le vélo pliant peut être transporté (plus ou moins) facilement en train.

EN VOITURE ET EN VÉLO

Deuxième cas de figure : vous êtes motorisé. Les choses se compliquent un peu, mais vous pouvez vous en sortir aisément.

En démontant une ou deux roues du vélo, vous parviendrez à le charger à l'intérieur de votre véhicule, avec un minimum de précautions toutefois : d'une part, veillez à ce que les pièces graissées n'entrent pas en contact avec d'autres bagages, et d'autre part, faites bien attention à ne pas forcer ou tordre votre vélo pendant le voyage. En effet, les vélos sont conçus pour être résistants debout et chargés, pas pour être en appui instable ou couchés sous des valises rigides : attention donc au cadre, aux rayons et aux différentes pièces saillantes. Si vous avez plusieurs vélos, ou une voiture de taille réduite, n'hésitez pas à envisager les porte-vélos : sur le toit, fixés au hayon à une boule d'attelage, ils permettent de charger jusqu'à quatre vélos sans les démonter. Ne les oubliez simplement pas lors de vos manœuvres dans les parkings ! Et, bien sûr, il vous faudra garer et récupérer votre véhicule à l'issue de votre randonnée : si c'est une boucle, pas de problème, et les itinéraires renseignés sur France Vélo Tourisme mentionnent également les parkings longue durée. Bref, un tout petit peu de logistique, mais rien d'insurmontable pour un randonneur qui vient de braver les éléments !

Bon à savoir

LA solution ultime pour les transports ?

Encombrement minimal, accès autorisé à bord de tous les trains, développements permettant de rouler à des moyennes honorables, et même des sacoches adaptables sur certains modèles... Vous avez deviné ? Le vélo pliant, plébiscité par tous les navetteurs modernes adeptes des déplacements multimodaux, peut également vous emmener en voyage, et certains parcourent même le monde à son (petit) guidon. C'est donc également une solution possible, qui résoudra d'un seul coup tous les problèmes de transport !

Positionnez-vous à l'avance près des emplacements vélo, pour éviter la cohue de l'embarquement : un vélo, c'est encombrant !

EN TRAIN ET EN VÉLO

C'est en transports en commun, et notamment en train, que les choses se corsent !

La bonne nouvelle, c'est que c'est possible. En revanche, ça se prépare, et il peut y avoir des chausse-trapes, notamment en TGV Inoui et Ouigo. Cela dit, il y a eu de nets progrès de la part de la SNCF, et les vélos ne sont plus persona non grata à bord des trains ! Ainsi, sur tous les réseaux TER régionaux, où l'on voit de plus en plus de navetteurs monter dans le train tous les matins avec leur vélo, et le suspendre (ou l'attacher) à un emplacement spécial : les vélos sont autorisés, sans frais ni supplément. En revanche, les conditions varient selon les régions, et cela vaut la peine de faire un tour sur la section dédiée au vélo du site www.sncf.com. Mais attention : les tandems et remorques sont généralement interdits. À bord des trains Transilien, les vélos sont autorisés gratuitement avant 6 h 30, entre 9 h 30 et 16 h 30, puis après 19 h 30. Ils sont également autorisés le samedi, le dimanche et les jours fériés, et sont en revanche interdits en cas de forte affluence.

Dans les trains Intercités, vous pouvez réserver, pour 10 euros, un emplacement pour votre vélo, non démonté. Soyez prévoyant, et réservez bien votre emplacement vélo au moment où vous achetez votre billet : il n'est pas possible de prendre ensuite un supplément. Les TGV Inoui proposent également ce service, et les rames peuvent disposer de huit emplacements… C'est encore assez peu, donc anticipez, lorsque c'est faisable !

La petite astuce //
Que faire de sa housse ?

En configuration bikepacking, la housse peut prendre beaucoup de place dans la sacoche. Une solution ? L'envoyer par La Poste à votre point d'arrivée ! Soit chez quelqu'un que vous connaissez, soit à l'hôtel ou au gîte où vous arrivez (en prévenant gentiment, cela devrait être possible !). Ou sinon, c'est aussi l'occasion de pratiquer cette méthode ancestrale toujours d'actualité : la poste restante ! Vous vous envoyez un colis avec votre housse, en précisant « POSTE RESTANTE ». Elle vous attendra quinze jours au bureau de poste (glissez même un t-shirt propre dans le paquet…) !

Housse pour vélo.

UN VÉLO ET UNE HOUSSE

Il est également possible de réserver (gratuitement dans les Inoui, et au tarif de 5 euros dans les Ouigo) une place pour votre vélo démonté (les deux roues) et rangé dans une housse, qui ne doit pas excéder une dimension de 120 x 90 centimètres. Et c'est là que les choses se compliquent ! Mais depuis quelques années, la grande chaîne de magasins de sport au logo blanc sur fond bleu propose des housses, à tarif et à encombrement accessibles, adaptées à ces transports : elles sont un peu rudimentaires, et il est conseillé de se munir de ficelle et d'adhésif large pour fixer les roues autour du cadre. Et, bien sûr, il vous faudra démonter vos sacoches : dans tous les cas, vous serez encombrant avec votre paquetage. Vous devrez aussi veiller à ne pas déranger – ni salir, ni blesser à coups de dérailleur – les autres passagers, et montrer patte blanche auprès du chef de bord… car on n'est pas nécessairement les bienvenus sur les trains avec son vélo !

L'emplacement vélo, luxe, calme et volupté pour le cycliste en train.

10. PETITES CHECK-LISTS AVANT DE partir

ÇA Y EST, C'EST DEMAIN LE GRAND JOUR ! AVANT VOTRE PREMIER GRAND DÉPART, C'EST L'HEURE DU PAQUETAGE POUR VOUS ET VOTRE MONTURE : CHECK-LIST, PENSE-BÊTE ET PETITS TRUCS DE BASE À NE PAS OUBLIER !

Mémo

À ne pas oublier avant de partir :

Les 10 points à vérifier sur votre vélo (avant le matin du départ !) :

☐ **La pression des pneus :** environ 3 bars pour les pneus larges. Utilisez une pompe à manomètre. Vérifier aussi l'état de vos pneus (dessins visibles, absence de déchirure, flancs lisses et non craquelés).

☐ **L'état des freins :** patins neufs, câbles bien tendus. Vérifiez également le centrage de vos étriers et l'absence de frottement lorsque vous ne freinez pas.

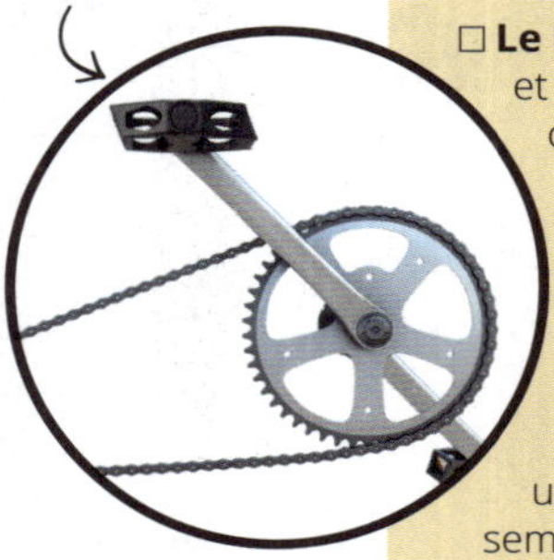

☐ **Le bon état de vos roues :** pas de saut, pas de voile, et une inspection visuelle des jantes. Vérifiez du même coup la tension des rayons.

☐ **Le graissage de la chaîne :** tout d'abord, nettoyez bien la chaîne, afin d'enlever les traces de cambouis. Puis appliquez l'huile (spéciale chaîne) à l'aide d'un chiffon ou, mieux, d'une vieille brosse à dents contre la chaîne, et faites tourner les pédales, afin de déposer une quantité suffisante et uniforme sur l'ensemble de la chaîne... Et épongez l'excédent : une chaîne trop huilée s'encrasse immédiatement !

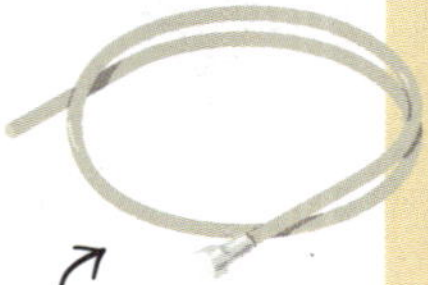

☐ **La transmission :** montez et descendez toutes vos vitesses, qui doivent passer de manière fluide, et rester en place.

☐ Le bon fonctionnement de **vos lumières** avant et arrière.

☐ **L'absence de jeu de direction (sous le guidon) :** freinez de l'avant, et appuyez sur la fourche. Idem au pédalier : vérifiez sa rigidité en saisissant les manivelles et en exerçant des pressions latérales. Et testez également le serrage de vos pédales.

☐ **Le bon serrage des éventuelles attaches rapides :** roue avant, roue arrière, tige de selle...

☐ **La câblerie (freins et transmissions) :** les câbles ne doivent pas être effilochés, et les gaines doivent être en bon état (butées en place, pas de cisaillement, mouvements fluides des câbles dans les gaines).

☐ Enfin, **les serrages des boulons,** notamment au niveau des porte-bagages.

Un multitool

Deux chambres à air

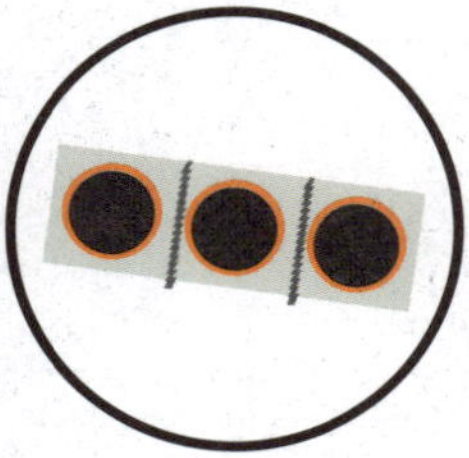

Une boîte de rustines

Une mini-pompe

Dans ma boîte à outils il y a :

□ **Un multitool :** cet outil multifonction comporte tous les instruments dont vous aurez besoin pour resserrer les boulons en cours de route.

□ **Deux chambres à air de rechange :** vérifiez bien les dimensions, à chaque taille de roue et de pneu sa chambre. En route, gardez vos chambres crevées : elles peuvent servir à beaucoup de choses !

□ **Trois démonte-pneus,** pour démonter votre pneu en cas de crevaison. (Apprenez à vous en servir avant de partir !)

□ **Une boîte de rustines,** pour réparer vos chambres crevées le soir à l'étape.

□ **Une mini-pompe manuelle** (avec l'embout adapté à vos valves).

□

□

□

□

□

□

□

La sacoche avant : les indispensables du bikepacker

- ☐ **Instruments de navigation :** cartes, guides, roadbook et GPS (et câble de chargement)
- ☐ **Couteau**
- ☐ **Billets de train**
- ☐ **Chargeurs + batterie externe**
- ☐ **Lunettes de soleil**
- ☐ **Papiers et argent** (dans une pochette étanche)
- ☐ **Lampe frontale**
- ☐ **Buffer** (membrane antichocs)
- ☐ **3 sacs plastiques** solides
- ☐ **Des élastiques** ou serflex

Dans ma trousse à pharmacie (dans une boîte ou une pochette étanche), il y a :

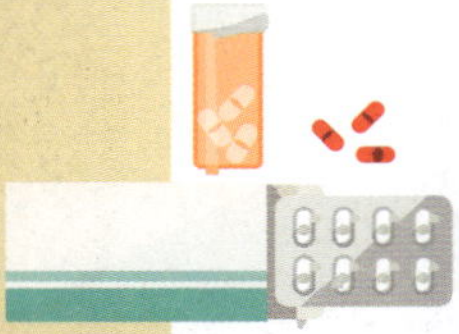

- ☐ **Compresses**
- ☐ **Pansements**
- ☐ **Désinfectant**
- ☐ **Gaze**
- ☐ **Crème antifrottement**
- ☐ **Crème solaire**
- ☐ **Couverture de survie**
- ☐ **Paracétamol ou aspirine**
- ☐ **Homéoplasmine**
- ☐ **Smecta**

L'équipement cycliste :

- ☐ **Casque**
- ☐ **2 t-shirts vélo**
- ☐ **Cuissard, short ou pantalon**
- ☐ **3 paires de chaussettes**
- ☐ **Chaussures** (de cyclisme ou baskets)
- ☐ **Vêtement de pluie**
- ☐ **Mitaines ou gants**
- ☐ Dans la poche de votre maillot : **barres, fruits secs**

L'équipement de bivouac :

- ☐ **Tarp, bivy ou tente**
- ☐ **Matelas**
- ☐ **Duvet**
- ☐ **Gaz, brûleur** (et briquet)
- ☐ **Popote et quart**

ET TOUT CECI SE MODULE, ÉVIDEMMENT, EN FONCTION DE VOTRE VOYAGE, ET SURTOUT DE LA PLACE DONT VOUS DISPOSEZ. MAIS N'OUBLIEZ PAS : CHAQUE GRAMME EMPORTÉ EST UN GRAMME DE PLUS À TRANSPORTER !

INVITATION au VOYAGE

Voici 35 itinéraires, de la balade au parcours plus long, à tester lors d'un week-end, d'une ou plusieurs semaines ou pour de véritables défis sportifs !

UNE PETITE SÉLECTION D'ITINÉRAIRES, DE TOUTES LES DURÉES ET DE TOUS LES NIVEAUX DE DIFFICULTÉ, POUR LES FAMILLES, LES DÉBUTANTS, LES AMOUREUX, LES CYCLISTES AVERTIS ET LES AMBITIEUX ! LA LISTE N'EST BIEN SÛR PAS EXHAUSTIVE CAR, NE L'OUBLIONS PAS : À VÉLO, CHACUN EST LIBRE DE TRACER SA ROUTE COMME IL L'ENTEND. MAIS LA FRANCE REGORGE DÉJÀ D'ITINÉRAIRES DÉDIÉS, PROTÉGÉS ET BICHONNÉS, GRÂCE AU TRAVAIL DE TITAN FOURNI PAR L'AF3V ET L'ASSOCIATION FRANCE VÉLO TOURISME. FLORILÈGE DE VOYAGES QUI DONNENT ENVIE DE PARTIR À BICYCLETTE…

Voyager à vélo du matin jusqu'au soir, c'est faire l'expérience d'une vie reconnectée avec les éléments, en pleine conscience ! Traverser les paysages, sentir les variations du climat, suivre la course des ombres et du soleil, retrouver le goût de l'eau fraîche, sentir son cœur battre et les muscles de ses jambes travailler… Autant de précipités de vie, de pépites de pur bonheur pour un bien-être immédiat et XXL ! C'est une alchimie bien connue de tous ceux qui ont déjà pris la route, et nous vous invitons ici à les rejoindre.

C'est une confrérie ouverte, où chacun(e) a sa place. Seule compte l'envie d'essayer une autre manière de voyager, et de se créer une aventure à sa mesure ! Et on peut déjà le voir sur les routes – bien que rarement, les routes des cyclistes étant souvent connues d'eux seuls, et c'est d'ailleurs tout le sujet de cette partie ! – et à certains points d'hébergement ou de ravitaillement : tous les âges, tous les styles, toutes les approches cohabitent en harmonie. Seule obligation, dans le code non écrit du cycliste voyageur : saluer ses camarades d'un hochement de tête ou d'un geste de la main… et pour le reste, respecter bien évidemment la nature, l'environnement, les piétons et tous ceux qui n'ont pas la chance d'être à vélo !

L'aventure est au coin de la rue, et cela n'a jamais été plus vrai que dans le cas du voyage à vélo : une

Vélo de voyage pour partir sur les routes.

L'adrénaline monte quand il s'agit de parcourir des chemins ardus.

fois prêt(e), tournez une dernière fois la clé dans la serrure, posez-vous les ultimes questions – les fenêtres ? Check ! Le chat ? Check ! Mes papiers ? Check ! – puis descendez la rue, à vélo, comme tout matin de vélotaf normal, et subitement quittez le chemin des habitudes, et mettez le cap vers le large... pour atteindre les bordures de la ville, et vous enfoncer dans l'inconnu.

Que ce soit le Cher ou les Pyrénées-Atlantiques, les Alpes-Maritimes ou le Pas-de-Calais, tous les coins de France sont égaux aux yeux du voyageur à vélo !

Double-page suivante

À la tombée de la nuit ou au lever du jour, les sensations peuvent être décuplées.

– #balades

LES CHÂTEAUX DE LA LOIRE, À VÉLO ET À LA CARTE

Fiche technique

Longueur : 400 km
(en 12 boucles modulables)

Dénivelé : quasi nul

Difficulté :

Départ / arrivée :
Blois / Tours

Routes :
12 routes balisées / véloroutes et petites routes

Gares :
Blois : TGV / TER

Le château de Chambord.

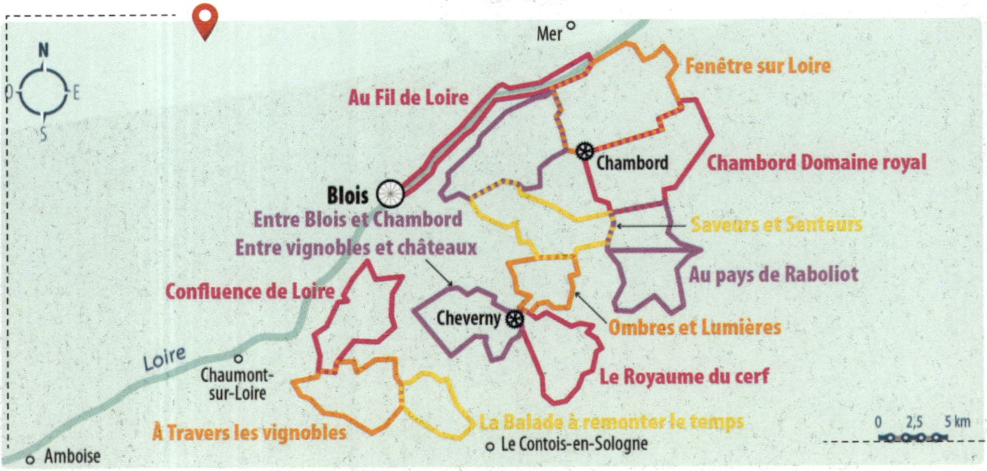

Les bords de Loire à Blois.

LE VAL DE LOIRE, C'EST UN CONCENTRÉ D'HISTOIRE ET DE BEAUTÉ : SUR 134 KM, ENTRE LANGEAIS ET CHAMBORD, CE NE SONT PAS MOINS DE 32 GRANDS CHÂTEAUX ROYAUX ET NOBILIAIRES QUI BORDENT LA LOIRE OU SE NICHENT DANS LES SPLENDIDES FORÊTS DE LA RÉGION.

Chambord, Azay-le-Rideau, Chenonceaux, Blois, Chaumont-sur-Loire, le Clos Lucé... Sur ce périmètre royal, le jardin de la France, 400 km de chemins et de pistes balisées vous permettent de créer votre itinéraire à la carte, pour visiter les châteaux de votre choix, sillonner les forêts solognotes, longer la Loire sur ses rives aménagées, et profiter de la douceur de vivre dans les splendides villages ligériens aux maisons de tuffeau. Une destination à ne pas rater, entre amis ou en famille : les arts sont florissants dans les châteaux, l'architecture Renaissance est splendide, et on se prend à se demander pourquoi François Ier décida d'aller installer la cour à Saint-Germain-en-Laye !

Douze boucles balisées vous permettent d'imaginer votre itinéraire dans la région, et la simple énumération de leurs noms a de quoi aiguiser toutes les envies. Jugez-en : Au Fil de Loire, Fenêtre sur Loire, Chambord Domaine royal, Au pays de Raboliot, Saveurs et Senteurs, Ombres et Lumières, Entre Blois et Chambord, Le Royaume du cerf, Entre vignobles et châteaux, La Balade à remonter le temps, À Travers les vignobles, et Confluence de Loire... Tout un programme !

– #balades

EN BOURGOGNE SUD, ENTRE LES CÔTEAUX

Fiche technique

Longueur : 85 km

Dénivelé : 320 m

Difficulté :

Départ / arrivée :
Chalon-sur-Saône / Mâcon

Routes :
balisées et protégées à 100 %

Gares :
TGV à Maçon
TGV à Chalon-sur-Saône

Place Saint-Vincent à Chalon-sur-Saône.

La route des vins de Bourgogne à vélo, parcours œnologique.

Guides

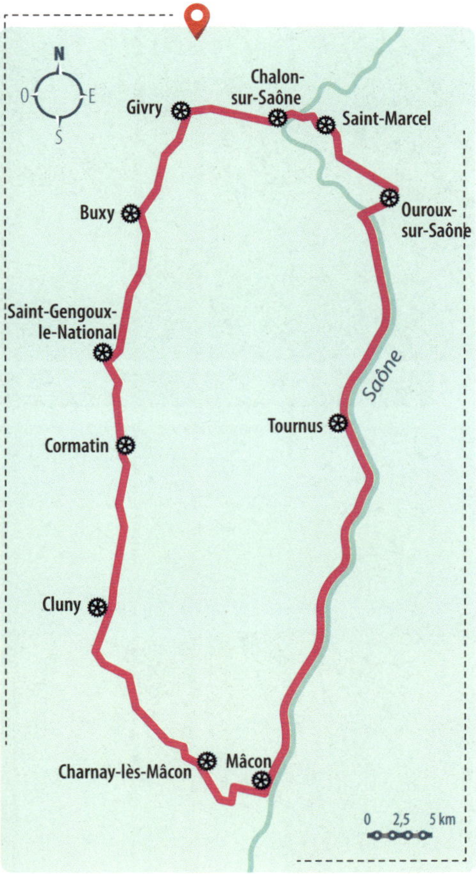

LA BOURGOGNE DU SUD, C'EST LE BERCEAU DU VÉLO : LE PREMIÈRE VOIE VERTE – GIVRY-CLUNY – Y FUT INAUGURÉE !

Pour cette boucle, qui vous permet d'allier vélo, gastronomie et œnologie (et le premier permet de profiter des deux autres sans dommages collatéraux ni mauvaise conscience !), vous emprunterez d'abord la voie verte, puis redescendrez par la voie bleue, une nouvelle véloroute, de 700 km, entre Lyon et le Luxembourg. Un véritable terrain de jeu pour tous, avec de belles pépites patrimoniales et culturelles à découvrir en famille.

Accessible grâce aux gares TGV, bien balisée, en grande partie en site protégé sur la voie verte, cette boucle fournira à tous, grands et petits, toutes les raisons de pédaler avec plaisir entre les étapes, à Mâcon, Tournus, Cluny, Cormatin... Autant de noms qui fleurent bon l'art de vivre – et de pédaler – à la française ! À effectuer en trois ou quatre jours, pour prendre le temps de vivre, avec un bon bourgogne au dîner...

– #balades

VOIE 6 : À L'ASSAUT DE L'ARGOUAT, LA BRETAGNE BOISÉE

Fiche technique

Longueur : 128 km

Dénivelé : NC

Difficulté :

Départ / arrivée :
Carhaix / St-Méen-le-Grand

Routes :
balisées et protégées à 100 %

Gare :
Gare de Carhaix-Plouguer

Le lac de Guerlédan, au cœur des monts d'Arrée.

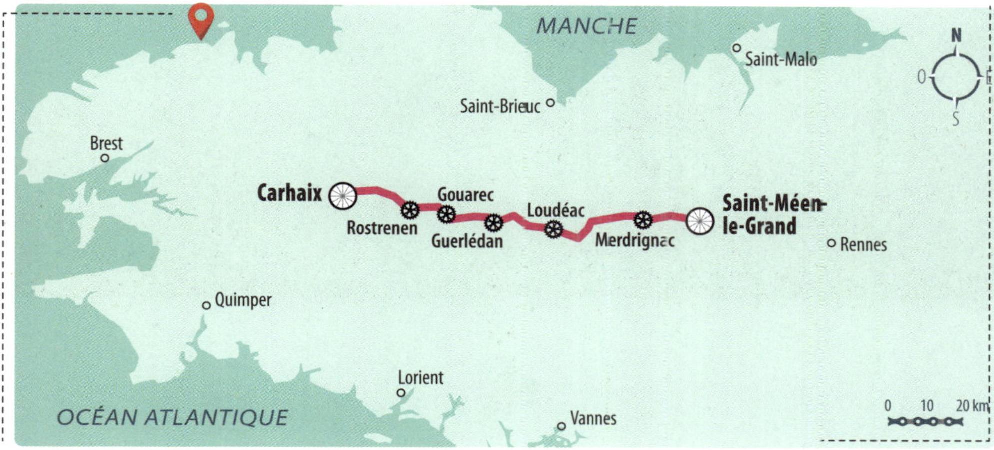

PRENEZ LE DÉPART AUX MONTS D'ARRÉE, À LA DÉCOUVERTE DE L'ARGOUAT, LA BRETAGNE BOISÉE.

Sur une ancienne voie de chemin de fer réaménagée, idéale pour les premières randos avec enfants, vous circulez paisiblement entre de coquets villages jusqu'au lac de Guerlédan : une étendue d'eau douce de 12 km de long, lovée au cœur d'un écrin de monts boisés, pour une pause rafraîchissante et ludique !

À l'arrivée, vous vous trouverez dans le village natal de Louison Bobet, un (autre) grand cycliste : une balade dans la Bretagne que l'on connaît moins, hors des sentiers battus, et en toute sécurité !

Les monts d'Arrée, alentours de Carhaix.

– #balades

LA PISTE DES FORTS : À TRAVERS L'HISTOIRE DE L'ALSACE

Fiche technique

Longueur : 85 km

Dénivelé : 320 m

Difficulté :

Départ / arrivée : Strasbourg

Routes : balisées et protégées à 100 %

Gare : Strasbourg

Balade dans la Petite France, à Strasbourg.

Paysages champêtres et vallonnés de l'Ortenau, en Allemagne.

DE PART ET D'AUTRE DE LA FRONTIÈRE FRANCO-ALLEMANDE, LA PISTE DES FORTS VOUS EMMÈNE À LA DÉCOUVERTE DE 19 FORTS.

Aujourd'hui démilitarisés, et dont quatre sont ouverts au public – ces forts ont été construits par les Allemands pour protéger l'Alsace après sa conquête à l'issue de la guerre de 1870. Une boucle bien balisée, dans une région ultra vélo-friendly, qui vous permet d'arpenter un morceau d'histoire entre deux pays.

Au total, cela représente un parcours de 85 km de part et d'autre du Rhin, à la fois historique et en pleine nature, des coteaux de Hausbergen à la campagne de l'Ortenau, des forêts rhénanes d'Illkirch-Graffenstaden à celle de la Wantzenau, à la découverte des dix-neuf ouvrages de la Ceinture des forts.

– #balades

LA DOLCE VIA, L'ARDÈCHE EN PENTE DOUCE

Fiche technique

Longueur : 88 km

Difficulté : 1/5

Départ / étape / arrivée : La Voulte-sur-Rhône / Le Cheylard / Lamastre ou Saint-Agrève

Routes : Dolce Via (connectée à la Via Rhona, à La Voulte-sur-Rhône et au Pouzin)

Gares : TER (seulement car) à La Voulte ; TGV à Valence (19 km par la Via Rhona) ; petit train historique (locomotive à vapeur) de l'Ardèche, le Mastrou, de Lamastre à Tournon (réservation obligatoire pour vous et votre vélo) / Petit train à vapeur à Saint-Agrève (Velay Express)

La rivière Eyrieux, en Ardèche.

La Dolce via sillonne l'Eyrieux, ici devant une ancienne usine.

L'ITINÉRAIRE IDÉAL POUR UN PREMIER WEEK-END DE BALADE À VÉLO EN FAMILLE, DEPUIS VALENCE ET TOUTES SES CONNECTIONS TGV DANS LE SUD-EST.

La Dolce Via suit le tracé d'une ancienne voie ferrée, reconvertie en voie verte : pas de voiture, un revêtement de sable compacté doux et roulant à souhait, et un très faible dénivelé, accessible à tous. Elle remonte doucement la vallée de l'Eyrieux, célèbre pour ses vergers de pêchers, dans les grands espaces de l'Ardèche, sur un parcours jalonné de souvenirs du chemin de fer, en surplomb de la rivière (et de ses plages) et face aux villages, sur l'autre versant de la vallée. La route alterne viaducs et tunnels, les paysages, de gorges ou de rivières, sont tous apaisants, et les points d'intérêt, rappelant le passé agricole (moulins) et industriel de la vallée, intéressent petits et grands.

Le long de la Dolce Via, vous cheminez parmi de nombreux villages bucoliques – Les Ollières-sur-Eyrieux, Saint-Michel-de-Chabrillanoux, Chalencon, Le Cheylard, pour n'en citer que quelques-uns –, tous prêts à vous accueillir pour votre ravitaillement, une pause gourmande ou culturelle, ou encore une baignade. Des hébergements de tout type, de la tente à l'hôtel, jalonnent la route, et des jeux et activités pour enfants sont présents tout au long du parcours : l'idéal pour varier les plaisirs des petits, et profiter du bon temps sans rouler comme des forçats ! Les couleurs vives, du vert à l'orange, et le bruit de l'eau sont au rendez-vous, et vous feront comprendre pourquoi l'Ardèche est le paradis des cyclistes, et de tous ceux qui aiment la nature sauvage et préservée !

– #balades

DE LA LOIRE À LA MER, L'ESTUAIRE EN PLEIN AIR

Fiche technique

Longueur : 95 km

Difficulté :

Départ / étape / arrivée :
Nantes / Saint-Brévin-les-Pins / Pornic

Gares :
TGV et tous trains à Nantes ;
Intercités à Saint-Nazaire ;
TER à Pornic

Carrelets bordant l'estuaire de la Loire.

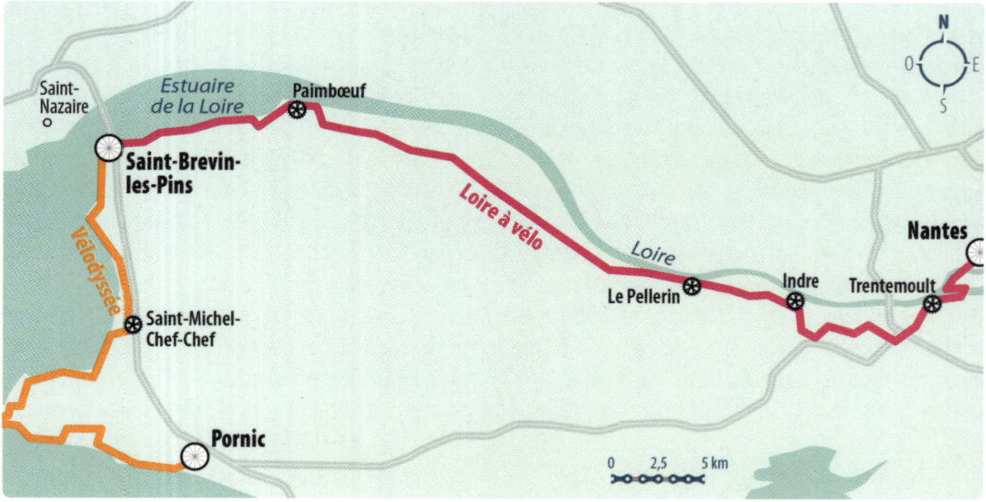

Les Anneaux, sur l'île de Nantes, conçus par Daniel Buren.

LA VÉLODYSSÉE ET LA LOIRE À VÉLO EMPRUNTENT LE MÊME ITINÉRAIRE (ET LES MÊMES BALISAGES, D'AILLEURS), EMMENANT LE VOYAGEUR À TRAVERS DIFFÉRENTS PANORAMAS.

Tout commence par un voyage culturel entre Nantes et Saint-Nazaire, en bordure de l'estuaire, avec un musée à ciel ouvert où trente œuvres majestueuses, imaginées et érigées par des artistes contemporains de tous horizons, sont autant d'invitations à l'évasion et à l'inspiration. On continue le long du canal de la Martinière, puis on traverse un chapelet de petits villages colorés : le port de pêche de Trentemoult, Indre et son marché dominical, Le Pellerin, Paimbœuf, et la ville de Saint-Michel-Chef-Chef. Rien que pour son nom, ça vaut le coup.

Entre Paimboeuf et Pornic, la côte est parsemée de pêcheries à carrelets (des petits filets), autant de cabanes sur pilotis au-dessus de l'eau qui donnent à ce parcours une ambiance bien particulière, où l'on se rapproche des éléments et de la pêche ancestrale. Et l'exposition plein ouest, face à l'océan, au grand air et aux embruns, à partir de Saint-Brévin-les-Pins, aux bonnes odeurs de conifère, est un bol d'air et d'iode régénérateur pour tous. Enfin, l'arrivée à Pornic, et son splendide port, met fin à la virée dans une belle cité, à visiter sans faute !

– #balades

PASSAPAÏS, TRAIT D'UNION ENTRE LES DEUX MIDIS

Fiche technique

Longueur : 80 km

Dénivelé : 550 m D+

Difficulté :

Départ / arrivée :
Bédarieux / Mazamet

Routes :
balisée et protégée à 100 %

Gares et transports :
SNCF
Gare de Mazamet
Ligne TER vers / depuis Castres (env. 15 min)
Ligne TER vers / depuis Toulouse (env. 1 h 30)
Gare de Bédarieux :
Ligne TER vers Béziers (env. 35 min)
Vers / depuis Montpellier : avec correspondance à Bédarieux (compter 1 h 30 au total)
En bus,
lignes régulières depuis Castres, Béziers, Montpellier et La Salvetat-sur-Agout

Bédarieux, dans l'Hérault.

PASSA PAÏS, C'EST L'OCCITAN POUR PASSE-PAYS... ET UN TRÈS BON SPOT POUR UNE PREMIÈRE RANDO EN FAMILLE !

Cette voie verte qui traverse le parc naturel régional du Haut-Languedoc relie le Midi méditerranéen, côté Bédarieux, qui regarde déjà vers Montpellier, et le Midi pyrénéen, côté Mazamet, dans le Tarn, en passant la ligne de partage des eaux. C'est une ancienne voie ferrée, en sable compacté, qui vous emmène vous promener tranquillement, en toute sécurité, dans un paysage de pleine nature : moyenne montagne, au pied de la Montagne Noire, forêts, bocages, landes et garrigues, jusqu'au massif du Caroux. Un chemin bucolique, qui vous permet de rouler en toute sérénité, avec des haltes agréables dans les charmants villages du Languedoc voisin.

Roquebrun, dans le parc du Haut-Languedoc.

– #balades

TOUTES LES BEAUTÉS DE LA CÔTE D'ALBÂTRE... ET LE BLEU DU LIN !

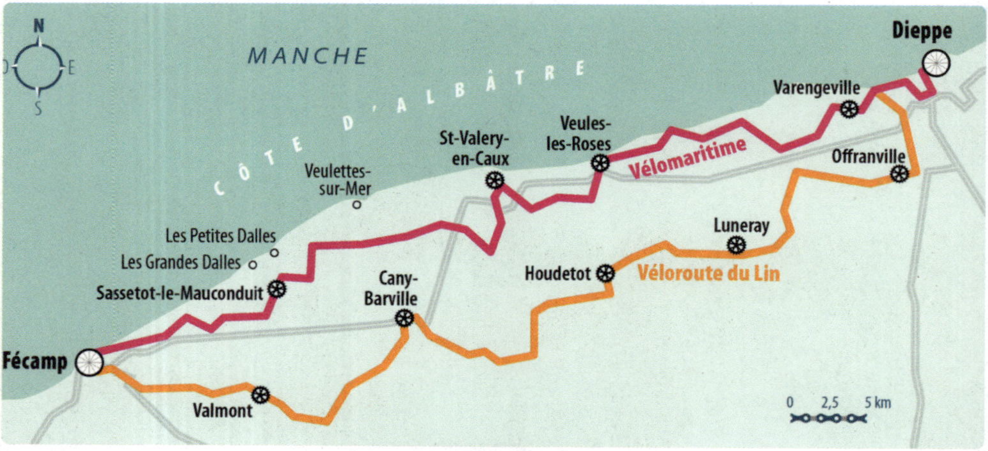

Fiche technique

Longueur : 160 km

Difficulté : 2/5

Départ / étape / arrivée : Fécamp / Dieppe / Fécamp

Routes : Vélomaritime Eurovélo 4 / Véloroute du Lin

Gares : Dieppe / Fécamp (lignes Intercités et emplacements vélos à bord des trains)

Champs de lin en pleine floraison.

Sur la côte d'Albâtre, des paysages à couper le souffle.

LE TEMPS D'UN WEEK-END, POUR UN GRAND BOL D'AIR PUR, ET DES PAYSAGES DÉTONANTS !

À partir de Fécamp, vers le Nord et vers Dieppe, la Vélomaritime vous fera emprunter des petites routes le long de la côte d'Albâtre (ainsi nommée pour ses célèbres falaises de craie blanche), en traversant les nombreuses valleuses qui rythment la côte : les Petites et les Grandes Dalles, Sassetot-le-Mauconduit et son château, Veulettes et sa double valleuse, Varengeville et ses splendides demeures de villégiature... Puis Saint-Valéry-En-Caux, et la côte jusqu'à Dieppe, cité corsaire et port de pêche.

Au retour de Dieppe à Fécamp, c'est un tout autre visage de la Normandie que vous verrez, sur la Véloroute du Lin. Saviez-vous que la France était le premier producteur mondial de lin ? Et que la région principale de production était la Normandie ? C'est ce que vous pourrez découvrir sur cette véloroute, une ancienne voie ferrée qui traverse ces champs, en surplomb de votre itinéraire de la veille... au calme, sur du plat, sur un beau revêtement, et perdu dans le bleu fluo du lin en pleine floraison (au début du mois de juin) : une nouvelle touche de bleu, entre le bleu du ciel et le bleu profond de la mer, pour des tableaux inoubliables !

– #balades

VALLÉE DU LOT : WE LIKE IT (A LOT) !

Fiche technique

Longueur : 160 km

Dénivelé : 550 m D+

Difficulté :

Départ / arrivée :
Aiguillon / Cahors

Routes :
La vallée du Lot à vélo est entièrement balisée. « La Vallée du Lot à vélo » accompagné d'un fléchage est indiqué sur la signalétique.

Gares :
Gare d'Aiguillon : nombreuses dessertes vers Bordeaux, Agen, Toulouse ;
Monsempron-Libos : dessertes TER Périgueux-Agen et vers Bordeaux et Toulouse via Agen. Car TER pour Cahors ;
Cahors : dessertes TER Toulouse. Intercités pour Paris-Austerlitz.

La vallée du Lot à vélo

La vallée du Lot, itinéraire tout en courbes !

ENTRE BORDEAUX ET AGEN, ENTRE LA DORDOGNE ET LA GARONNE, LA VALLÉE DU LOT EST UN JOYAU MÉCONNU ET AUTHENTIQUE, OÙ L'ON PEUT EXPÉRIMENTER L'ART DE VIVRE DU SUD-OUEST DANS TOUTE SA SPLENDEUR : CLIMAT ACCUEILLANT – COMME LES GENS ! –, GASTRONOMIE AVENANTE ET PAYSAGES… À L'AVENANT !

Entre les vignes du Lot, aux portes du Quercy, et les vergers luxuriants du Lot-et-Garonne, la véloroute vous emmène vers des villages authentiques, entre fond de vallée et coteaux, pour des étapes courtes (avec un peu de dénivelé pour atteindre les villages perchés, mais la récompense est à la hauteur du – petit – effort), jusqu'à Cahors, ville-étape sur la route de Compostelle.

Un itinéraire tout en courbes, le long de la rivière, et hors des sentiers battus… Surtout sur la fin, où il reste une petite portion non balisée. Mais vous aurez le privilège de compter parmi les pionniers de la vallée du Lot à vélo !

Le pont de Valentré, à Cahors, au bord du Lot.

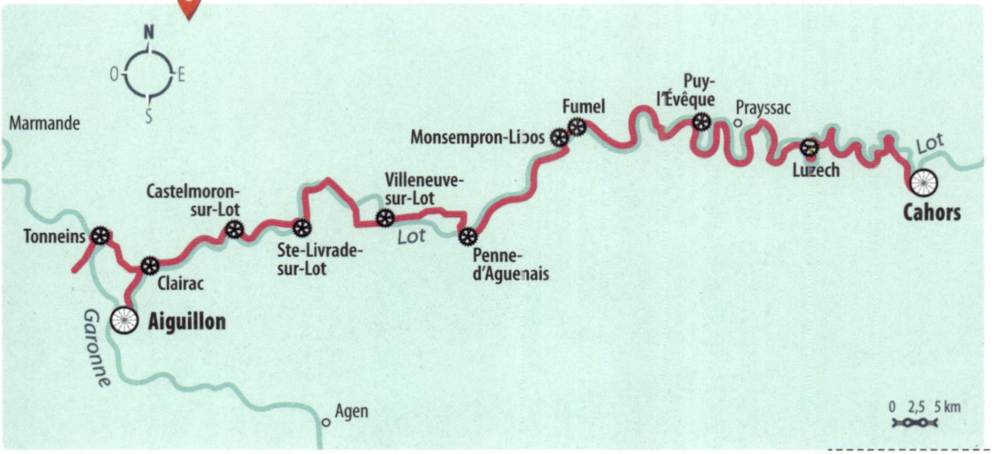

– #balades

EN THIÉRACHE, BALADE(S) À TRAVERS LE PLUS GRAND BOCAGE D'EUROPE

Fiche technique

Longueur : 112 km

Dénivelé : 1 740 m

Difficulté :

Départ / arrivée :
Anor / Guise / Anor

Routes :
vcie verte à 100 %

Transports :
TER à Saint-Quentin (02)

La cascade de Blangy.

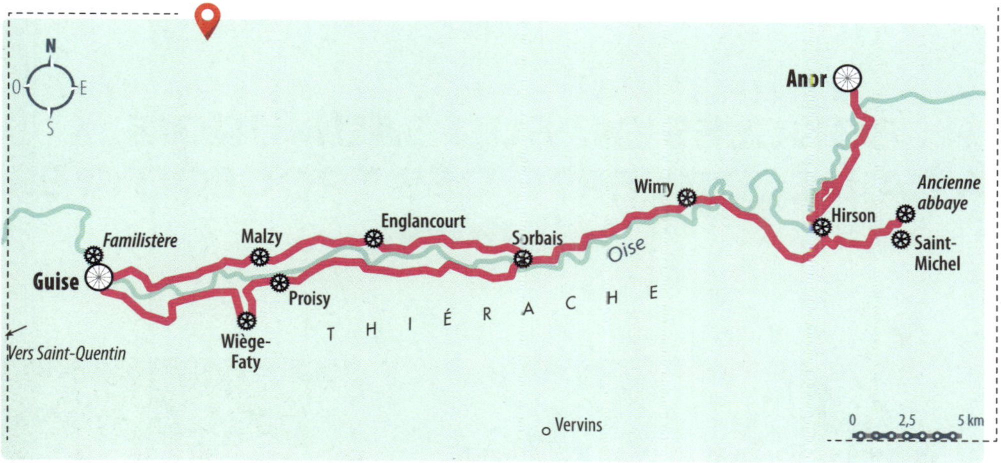

ÉGLISES FORTIFIÉES, VILLAGES TYPIQUES, LE FAMILISTÈRE DE GODIN À GUISE, ET UNE VOIE VERTE TOUT DU LONG !

Cette nouvelle véloroute vous mène des contreforts des Ardennes à travers la Thiérache en toute sécurité, dans le plus grand bocage d'Europe. Une région préservée et méconnue, à découvrir le temps d'un week-end, ou plus : le carnet de route fourmille d'idées, de détours, de visites pour s'évader au grand air, dans les bois et sur les bosses… car il y a du dénivelé à avaler !

Les vallons des Ardennes.

– #balades

BOUCLES DU SUD SAUMUROIS : À LA DÉCOUVERTE DES TROGLODYTES DE PLAINE

Fiche technique

Longueur : 141 km

Dénivelé : NC

Difficulté : 4/5

Départ / arrivée :
Saumur/ Saumur

Routes :
entièrement balisées

Gares :
Saumur
Montreuil Bellay

Le bioparc troglodytique de Doué-la-Fontaine.

ENTRE LA LOIRE À VÉLO ET LA VÉLO FRANCETTE, DEUX BOUCLES DE 76 ET 65 KM, SUR DES ROUTES SECONDAIRES ENTIÈREMENT BALISÉES (PASTILLES VIOLETTES ET PASTILLES ORANGE) POUR SILLONNER LE SUD SAUMUROIS, ENTRE LA VALLÉE DE LA LOIRE ET LA VALLÉE DU THOUET.

Un territoire à l'habitat troglodytique, des vignes, des fouées (ces petits pains typiques de l'Anjou) : autant de singularités à découvrir sur terre comme sous terre ! Unique et authentique, il propose également une exclusivité mondiale : le bioparc de Doué-la-Fontaine, unique zoo troglodytique au monde...

Deux boucles avec quelques bosses, à parcourir en deux ou trois jours, par exemple pour prolonger La Loire à vélo, si vous n'avez pas envie de rentrer !

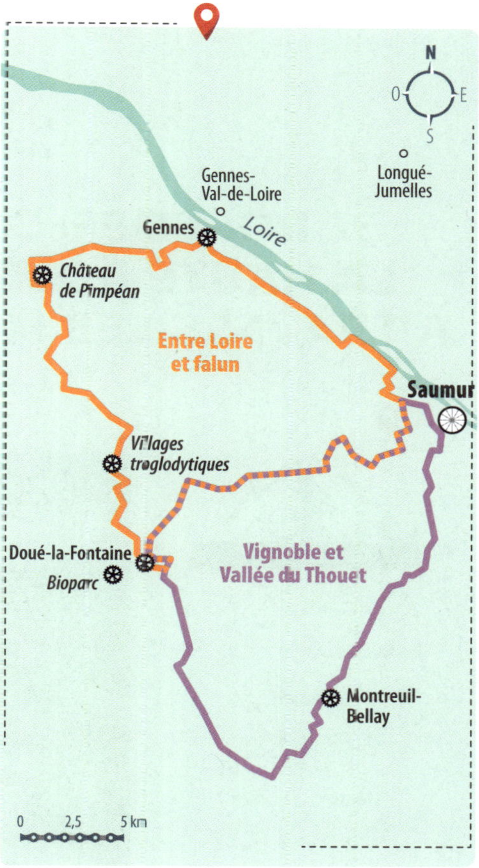

Saumur, surplombée par son château.

– #balades

ROSCOFF-CONCARNEAU : LA HAUTE ROUTE DE BRETAGNE, À TRAVERS LES MONTAGNES NOIRES

Fiche technique

Longueur : 147 km

Dénivelé total : 1 547 m D+

Difficulté :

Départ / arrivée :
Roscoff / Concarneau

Route :
Voie 7 Bretagne

Gares :
Ligne TER Car
Roscoff – Morlaix
Ligne TER Car
Rosporden – Concarneau

Chemins pédestres et cyclables dans les monts d'Arrée.

TRAVERSEZ LA BRETAGNE PAR SES SOMMETS, LES FAMEUX MONTS D'ARRÉE !

Au début, de Roscoff à Carhaix, la voie 7 suit la Vélodyssée, en bord de mer, avant de bifurquer vers une véloroute entièrement aménagée, jusqu'à Concarneau, station balnéaire réputée de Bretagne Sud, le long d'une ancienne voie de chemin de fer.

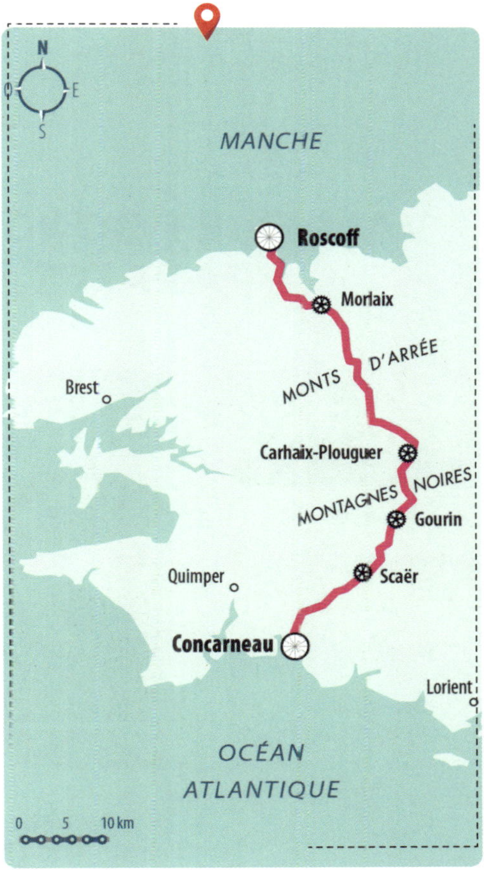

Une route calme et protégée, donc, au cœur de la Bretagne rurale, mais avec du dénivelé : si vous partez avec des enfants, prévoyez des étapes courtes. Vous passerez par les Montagnes Noires, point culminant de la Bretagne, à... 385 m, il n'y a donc pas non plus besoin d'un équipement de montagne !

En chemin, la voie verte fait halte à Gourin, ville marché et carrefour agricole, et dans la station verte de Scaër. Des paysages marins, de la forêt, de la lande, des marchés typiques et de petits villages : c'est une autre vision de la Bretagne que vous offre la voie 7, loin des grands lieux touristiques !

Le petit port de pêche de Concarneau.

– #balades

VALLÉE ET GORGES DE L'AVEYRON : PARADIS (RE)TROUVÉ

Fiche technique

Longueur : 85 km

Dénivelé total : 800 m D+

Difficulté :

Départ / arrivée :
Montauban / Laguépie

Routes :
fléchées à 100 %, voie verte à la sortie de Montauban, puis petites routes à faible trafic

Gares :
Montauban : Intercités Paris – Cahors – Toulouse et Intercités Toulouse – Agen – Bordeaux - TER Toulouse – Montauban – Cahors – Brive-la-Gaillarde ;
Laguépie : TER Toulouse – Figeac – Aurillac (env. 1 h 15 Laguépie – Toulouse) ;
Et à proximité :
Caussade : TER Toulouse – Montauban – Cahors – Brive-la-Gaillarde ;
Najac : TER Toulouse – Figeac – Aurillac (env. 1 h 30 Najac – Toulouse).

Village médiéval dans le Quercy.

« ON NE DEVRAIT JAMAIS QUITTER MONTAUBAN... » SAUF POUR ALLER À LAGUÉPIE À VÉLO ! MAIS UNE FOIS QUE L'ON A MIS LES ROUES DANS LE QUERCY, ON COMPREND MIEUX CE QUE VOULAIT DIRE LINO VENTURA DANS *LES TONTONS FLINGUEURS*.

Niché entre Toulouse, Montauban et Cahors, le Quercy est un paradis des sports *outdoor* ! L'itinéraire « Vallée et gorges de l'Aveyron » permet de le découvrir en long et en large, au fond des gorges et sur les causses... Le long de la rivière, sur les hauteurs, les châteaux médiévaux – Bioule, Montricoux, Nègrepelisse, Bruniquel et Penne, pour ne citer qu'eux – veillent sur de petits villages charmants qui tous méritent une pause. Elle-même bien méritée, d'ailleurs, car il y a quelques belles bosses sur le parcours ! En chemin, paysages grandioses et baignades (notamment dans le Viaur, à Laguépie) sont au rendez-vous, mais aussi canoë-kayak, escalade, randonnée équestre, VTT et spéléologie... Et si, comme on en prend le pari, vous ne vouliez plus quitter Montauban, vous trouverez également 11 circuits en boucle fléchée proposant des échappées sportives à vélo pour aller découvrir les autres trésors de la vallée, vers Najac et le Rouergue.

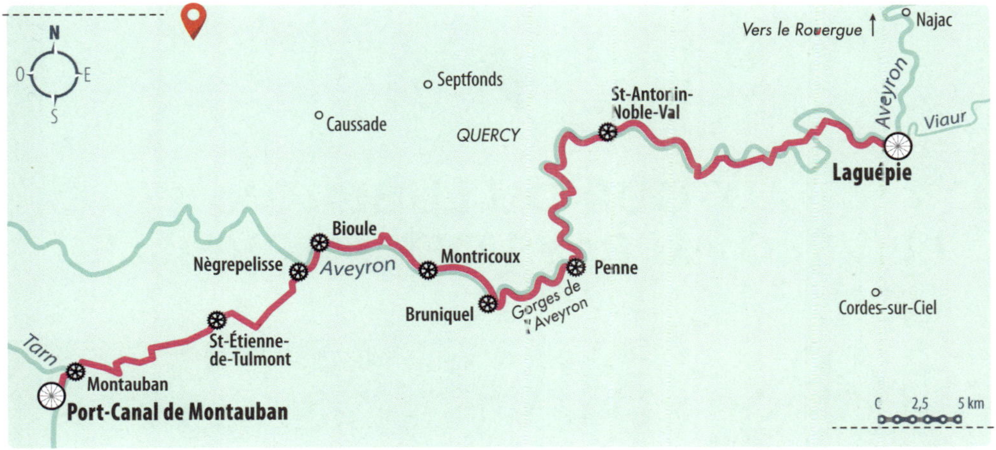

Les gorges du Tarn, un panorama sublime.

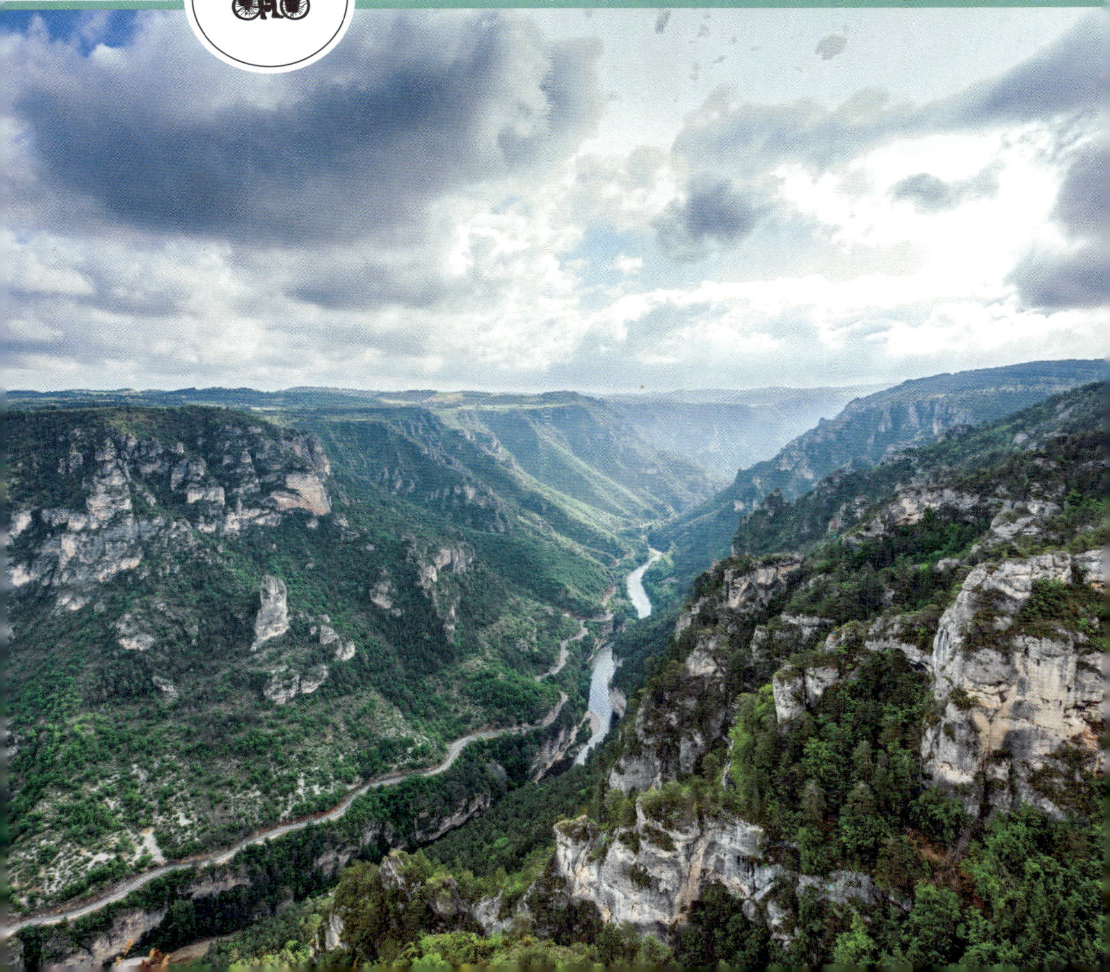

– #balades

AUTOUR DU LUBERON, LE VÉLO AU PAYS DES MERVEILLES

Fiche technique

Longueur : 236 km

Dénivelé : 2 620 m

Difficulté :

Départ / étape / arrivée :
Cavaillon / Apt / Forcalquier

Routes :
Tour du Luberon

Transports :
cars et TER

Le Luberon, paradis des cyclistes.

LE LUBERON (SANS ACCENT ET À PRONONCER [LUBEURON], VOIRE LUB), C'EST UN JOYAU DE 60 SUR 30 KM, SUR LA RIVE GAUCHE DU RHÔNE, À HAUTEUR D'AVIGNON. C'EST LA PROVENCE PRÉSERVÉE, CELLE CHANTÉE ET ÉCRITE PAR JEAN GIONO, OÙ LES ODEURS, LES COULEURS ET LES PAYSAGES SONT TOUS ENCHANTEURS.

Ce parcours de 236 km vous fait découvrir le Luberon sous toutes les coutures, entre falaises, garrigues, villages perchés, bories, lavoirs-fontaines et petites églises. Dans les villages, sous les platanes, les terrasses ombragées vous attendent pour l'apéritif après des étapes aux paysages toujours variés... mais pas toujours plats, loin s'en faut !

La région est escarpée mais ne compte pas de grands cols, simplement des successions de petits « coups de cul », comme on appelle dans le jargon cycliste ces bosses qui nécessitent de « s'employer » un peu (autre expression cycliste) !

Le parcours, balisé de frais, emprunte de jolies petites routes, peu fréquentées mais à partager avec les autres usagers. Soyez prudent, et n'oubliez pas que le Luberon est une destination prisée de l'Europe entière, et qu'il peut également y faire très chaud. On y circule toute l'année, et c'est une belle escapade en amoureux aussi, à faire au mois de mai, plutôt qu'au cœur de l'été !

Forcalquier, village provençal typique.

– #grandsparcours

DE BÂLE À NEVERS, ET AU MILIEU COULENT DES RIVIÈRES

Fiche technique

Longueur : 570 km

Dénivelé total : environ 1 000 m de D+

Difficulté :

Départ / arrivée : Bâle (Suisse) / Nevers (Nièvre)

Route : Eurovélo 6 (Véloroute des Fleuves, du Rhin à l'Atlantique)
47 % sur voies cyclables
53 % sur petites routes à faible trafic

Balisage : Eurovélo 6 (100 % du parcours)

Transports : TER Mulhouse-Belfort-Montbéliard-Besançon-Dole ; TER Dijon-Dole-Besançon ; TER Chalon-Montchanin-Nevers ; TER Nevers-Decize-Dijon

VOICI UNE ROUTE SPLENDIDE, PLEINE DE RICHESSES NATURELLES ET HISTORIQUES, QUI VOUS MÈNERA HORS DES SENTIERS BATTUS !

De Bâle, la ville aux quarante musées, à laquelle on ne pense pas immédiatement pour des vacances, jusqu'à Nevers, on chemine doucement sur cet itinéraire au dénivelé quasiment nul, et donc chaudement recommandé pour de premiers voyages, en famille ou en débutant.

Après avoir traversé l'Alsace du Sud par le canal du Rhône au Rhin, vous rejoignez la Bourgogne-Franche-Comté par la vallée du Doubs, un paysage inoubliable et pourtant méconnu (sauf des pêcheurs à la truite) ! Ensuite, la route passe entre les collines du Jura, douces et boisées, puis longe le canal du Centre, entre vignes et villages romans, où seuls les ragondins et les hérons observeront votre passage...

Enfin, le tronçon entre Loire et Bourgogne vous conduira de Digoin à Nevers en traversant le nord du Bourbonnais. Et si vous n'êtes pas fatigué et souhaitez continuer la route, la Loire vous emmènera jusqu'à Nantes !

La vieille ville de Bâle.

La citadelle de Besançon, sur les bords du Doubs.

– #grandsparcours

LE CANAL DES DEUX-MERS, DIAGONALE MÉRIDIONALE

Fiche technique

Longueur : 750 km

Dénivelé : 857 m

Difficulté :

Départ / arrivée :
Royan / Sète ou Port-La-Nouvelle

Route :
64 % sur voies cyclables - 36 % sur petites routes à faible trafic

Balisage : sur 97 % de l'itinéraire, ou simplement des panneaux avec les prochaines villes à distance cyclable de 'itinéraire. Attention à la portion non balisée le long du canal du Midi.

Transports : lignes Intercités Bordeaux – Toulouse – Marseille
Gares desservies : Agen / Montauban / Toulouse / Carcassonne / Béziers / Sète / Montpellier / Marseille (nombreux trains quotidiens)
Ligne TER Bordeaux – Agen – Toulouse
Gares desservies : Valence-d'Agen / Moissac / Castelsarrasin / Montauban / Castelnau-d'Estrétefonds
Ligne TER Bordeaux – Marmande – Agen
Gares desservies : La Réole, Marmande, Tonneins, Aiguillon (Lot-et-Garonne)

Le canal du Midi à Deyme.

750 KM À TRAVERS TOUS LES ACCENTS DU MIDI, DEPUIS ROYAN, SUR LA RIVE NORD DE L'ESTUAIRE DE LA GIRONDE, JUSQU'À SÈTE, AU BORD DE L'ÉTANG DE THAU, LA VILLE DE DEUX GRANDS POÈTES, PAUL VALÉRY ET GEORGES BRASSENS !

Entre les deux, la route suit le canal de la Garonne et le canal du Midi, inscrit au patrimoine mondial de l'UNESCO : paysages maritimes, vignes, puis ambiances méditerranéennes, il y en a pour tous les goûts et pour toutes les roues (attention, d'ailleurs, aux revêtements et aux graviers : pneus larges conseillés !).

Après avoir traversé les parcelles prestigieuses du Médoc, puis Bordeaux, également inscrite au patrimoine mondial de l'UNESCO, on longe les vignobles de l'Entre-Deux-Mers, puis on rejoint le

canal de la Garonne, abrité de platanes jusqu'à Agen, ville de pruneaux et de rugby…

Ensuite, Moissac, Montauban, les paysages du Tarn, et c'est l'arrivée à Toulouse, la ville rose (et la vraie capitale du rugby français, d'ailleurs !). Ici, aux Ponts-Jumeaux, le canal latéral rejoint celui du Midi, percé au XVIIe siècle pour relier la Garonne à la Méditerranée : 334 km à travers les paysages du Lauragais, dans des ambiances de plus en plus méditerranéennes, jusqu'à Mare Nostrum, à Sète, en passant par Carcassonne… Ou sinon, une variante : le canal de la Robine, qui vous amène à Narbonne puis à Port-La Nouvelle.

Toulouse, sur les bords de la Garonne.

– #grandsparcours

L'INDRE À VÉLO, UNE PERLE CACHÉE

Fiche technique

Longueur : 193 km

Dénivelé : 200 m D+

Difficulté :

Départ / arrivée :
Bréhémont / Chateauroux

Routes :
La Loire à Vélo / L'Indre à Vélo
(voies partagées, petites routes)

Gares et cars :
Ligne TER Tours – Vierzon,
puis Intercités Vierzon – Châteauroux
CAR SNCF Châteauroux <> Loches
CAR Tours <> Loches

La cité médiévale de Loches.

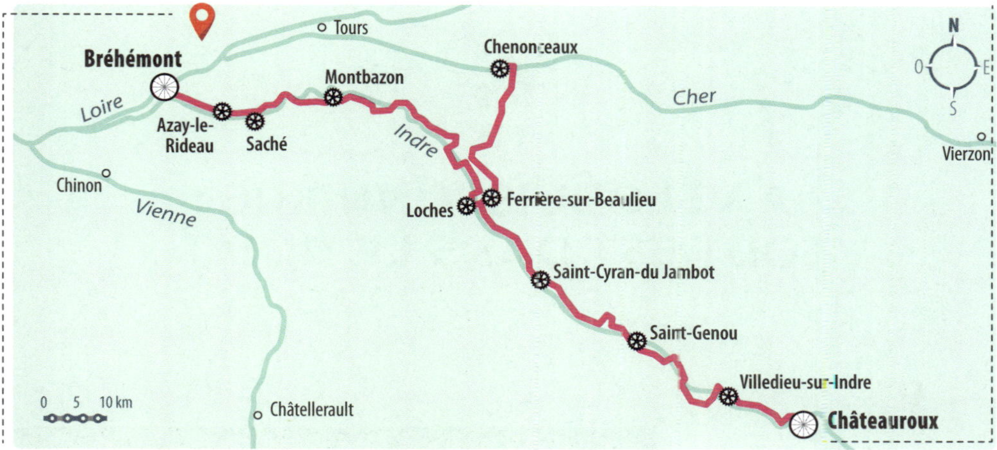

(ENCORE) PLUS BUCOLIQUE QUE LA LOIRE À VÉLO, À LAQUELLE ELLE EST CONNECTÉE, (ENCORE) PLUS CACHÉE QUE LA VALLÉE DE LA LOUE À VÉLO, L'INDRE À VÉLO EST UNE AVENTURE CYCLABLE ACCESSIBLE À TOUS, ENTRE BRÉHÉMONT ET CHÂTEAUROUX.

Près de 200 km entièrement balisés, jalonnés de lieux uniques, de villages pittoresques et de trésors du patrimoine français : le château d'Azay-le-Rideau, la cité médiévale de Loches, la forteresse de Montbazon… Les villages-étapes, le long de l'itinéraire, sont de petits trésors à découvrir dont le seul nom invite à un voyage au cœur de la France rurale et éternelle : Ferrière-sur-Beaulieu, Saint-Cyran-du Jambot, Saint-Genou, Villedieu-sur-Indre… L'occasion de faire un périple aux accents balzaciens, avec des réminiscences du Lys dans la vallée : c'est en effet dans la vallée de l'Indre, à Saché (facilement accessible depuis la route), qu'Honoré de Balzac a puisé son inspiration pour écrire l'un de ses plus beaux romans.

Le château d'Azay-le-Rideau.

– #grandsparcours

LA VÉLOBUISSONNIÈRE : TOUT EST DANS LE NOM !

Fiche technique

Longueur : 250 km

Dénivelé total : NC

Difficulté :

Départ / arrivée :
Alençon / Le Mans / Saumur

Routes :
V44 / Vélobuissonnière / petites routes (85 %) / pistes cyclables (15 %)

Transports :
TER Le Mans – Alençon + gares locales avec possibilités de transport de vélo : Gare TGV Le Mans sur axes Paris – Nantes, Paris – Brest : Cars ligne 26 Le Mans – Saumur équipés transport vélo

La VÉLO BUISSONNIÈRE

Saint-Céneri-le-Gérei, en Normandie.

UN NOUVEL ITINÉRAIRE NORD/SUD, ENTIÈREMENT BALISÉ, POUR PARTIR TRANQUILLE À VÉLO LE LONG DES PANNEAUX DE LA VÉLOBUISSONNIÈRE, QUI VOUS FERA TRAVERSER LES VALLONS DES ALPES MANCELLES ET LONGER LES RIVES DE LA LOIRE, DE LA SARTHE ET DU LOIR !

Au fil de la route, au Mans, à Saumur, à Alençon, et dans une myriade de villes et villages remarquables, vous pourrez profiter de la douceur de vivre légendaire de la région, et improviser tout type d'activités récrés pour les enfants : kayak, Accrobranche, visites de zoos (dont le fameux zoo de La Flèche)...

La Vélobuissonnière, c'est une excellente école du voyage à vélo pour les familles, en douceur et en toute sécurité, dans un environnement préservé, à l'écart des grands axes !

Les bords de la Sarthe, à Alençon.

Forêt de pins dans les Landes.

LA VÉLODYSSÉE : À L'OUEST, DU NOUVEAU !

Longueur : 1150 km

Difficulté :

Départ / arrivée :
Brest / Hendaye

Routes :
Eurovélo 1

Gares :
gare Intercités à Brest ;
gare TGV à Hendaye

LA VÉLODYSSÉE, C'EST LA PORTION FRANÇAISE DE L'EUROVÉLO 1, LA PLUS LONGUE, QUI RELIE LE CAP NORD EN NORVÈGE À CAMINHA AU PORTUGAL.

L'itinéraire, long de 11.500 km, traverse ainsi l'Europe de l'Ouest du nord au sud en longeant le littoral atlantique en passant successivement par six pays, de la Norvège au Portugal.

En France, la Vélodyssée, entièrement terminée depuis le 1er janvier 2020, débute à Brest, à la pointe du Finistère et au point le plus occidental d'Europe, et termine à Hendaye, et à la frontière espagnole. Elle longe le canal de Brest à Nantes, sur un chemin de halage aménagé et balisé pour les cyclistes, puis traverse les pays de la Loire, descend le long de la côte sur la Voie Verte des Landes, et traverse enfin le Pays basque, de Bayonne à Hendaye.

Un périple iodé, idéal pour une première rando vélo au long cours. En effet, si la route est relativement longue, elle présente peu de difficultés et de dénivelé : seul le vent, majoritairement

Le canal de Nantes à Brest.

c'ouest sur la façade atlantique, pourra venir vous appuyer un peu sur le nez, légèrement en biais ! À 53 % en site propre (sans voiture), la Vélodyssée permet de faire un beau voyage, heureux qui comme Ulysse !

L'été, de juin à septembre, sera la meilleure période météo : attention, cependant, à bien réserver vos hébergements et à planifier vos déplacements en train, en raison de nombreuses stations balnéaires sur le parcours. Mais avec 300 hébergements Accueil Vélo situés à moins de 5 km du parcours, vous devriez trouver chaussure à votre pied !

Avec l'Atlantique toujours à proximité, vous traverserez de nombreux paysages, du bocage vendéen aux immenses forêts de pins des Landes, après la campagne bretonne, et avant d'apercevoir les Pyrénées à l'arrivée ! Et bien sûr, il est possible de l'emprunter sur quelques portions, pour quelques jours ou une petite semaine : le Canal de Nantes à Brest, le tronçon de Royan à Hendaye ou de La Rochelle à Bordeaux constituent de beaux itinéraires.

– #grandsparcours

Chemin de halage, vers Laval.

LA VÉLO FRANCETTE : UN VOYAGE EN DOUCE FRANCE

Fiche technique

Longueur : 600 km

Difficulté :

Départ / arrivée :
Ouistreham / La Rochelle

Route :
Vélo Francette

Balisage :
100 %

Gares :
SNCF Intercités à Caen et TGV à La Rochelle ; nombreuses gares tout au long du parcours

DEPUIS 2015, LA VÉLO FRANCETTE EMMÈNE LES CYCLISTES SUR LES DOUCES ROUTES DE NORMANDIE, D'ANJOU ET DE VENDÉE !

Et si l'exotisme était là aujourd'hui ? Dans les côtes de la Suisse normande, devant les châteaux forts et les forteresses, au milieu des haras de Mayenne, au cœur de la campagne des Deux-Sèvres... La Vélo Francette, c'est un vrai chemin de traverse, loin des grands axes et des grandes villes, qui ouvre de grands horizons bucoliques, et qui fait découvrir une douce vision de la France : un coq, une girouette (qui composent son logo), et des pans entiers d'histoire qui donneront vie aux leçons de l'école primaire.

Entièrement aménagée, courant le long des fleuves et des rivières, la Vélo Francette a plusieurs visages, et certains secteurs sont vallonnés : la Suisse normande, comme son nom l'indique, et également les Deux-Sèvres, sont des passages où il faudra appuyer sur les pédales !

Le Vieux-Port de La Rochelle.

la Vélo Francette®

DE LA NORMANDIE À L'ATLANTIQUE

Mais pour l'essentiel, c'est une route (la V 43, dans la nomenclature officielle) ouverte aux familles et peu polluée par les voitures. En revanche, les sites culturels, les villages de caractère, les marchés pittoresques foisonnent tout au long du parcours : abbatiales, maisons troglodytiques, architecture en tuffeau, ports de toues sur la Loire… tous ces petits décors de carte postale raviront les petits et leurs parents – tout comme les Anglais qui arrivent du ferry à Ouistreham et apprécient la gastronomie française !

– #grandsparcours

LA LOIRE À VÉLO, UNE TRAVERSÉE AU LONG COURS

Fiche technique

Longueur : 630 km (et 900 en intégrant les boucles proposées par l'itinéraire Eurovelo 6)

Difficulté :

Départ / arrivée : Nevers (Cuffy) / Nantes (Saint-Brévin les Pins)

Route : Eurovelo 6

Transports : en période estivale, une rame dédiée aux vélos est disponible sur l'Interloire entre Orléans, Blois, Tours, Saumur, Angers et Nantes, et certains trains vont jusqu'à La Baule. Le long de la route, des parkings longue durée permettent de stationner le temps de sa randonnée

Le château de l'Islette, dans la vallée de la Loire.

LA LOIRE, C'EST LE FLEUVE LE PLUS LONG DE FRANCE, AVEC 1 003 KM DU MONT GERBIER-DE-JONC (ARDÈCHE) À SAINT-BRÉVIN-LES-PINS (LOIRE-ATLANTIQUE), ET C'EST AUSSI LE DERNIER FLEUVE SAUVAGE D'EUROPE.

La Loire à Vélo, qui débute près de Nevers jusqu'à l'estuaire, c'est 630 km de piste cyclable (30 %) et de route aménagée (70 %), 100 % balisés. C'est aussi la portion ouest de l'Eurovelo 6, qui relie l'Atlantique à la mer Noire (4 030 km jusqu'à Constanta, en Roumanie) : la plus longue et la plus célèbre des routes Eurovelo, qui suit les grands fleuves !

En France, c'est une route qui chemine tout au long du Val de Loire, classé au patrimoine mondial de l'Unesco, que l'on peut emprunter pour un long trip, pour quelques étapes, ou pour l'intégrer à des boucles tout au long du parcours. Horizons dégagés, maisons de tuffeau, gabares, gastronomie, avec fromages et vins de Loire, et partout le fleuve, large, parsemé d'îles et charriant des millénaires d'histoire : jamais domptée, jamais égale, toujours différente, la Loire domine son paysage, et coule en pente douce vers la mer.

Circuler à vélo à ses côtés, sur des pistes et des petites routes, c'est un voyage à travers tous les patrimoines français et un grand pan de l'histoire de France : on comprend alors pourquoi les rois de la Renaissance établissaient leurs châteaux le long de la Loire. L'art de vivre, la douceur angevine, tout cela se ressent dans le climat, doux et tempéré, dans les cœurs des villes de vieille pierre, devant les couchers de soleil au cœur de la nature...

Accessible à tous, de plus en plus courue, la Loire à vélo est l'expression même de l'harmonie entre nature et culture, entre sport et bien-être : une promenade agréable et aérée, chacun à son rythme, pour des souvenirs inoubliables !

En arrivant à Chambord...

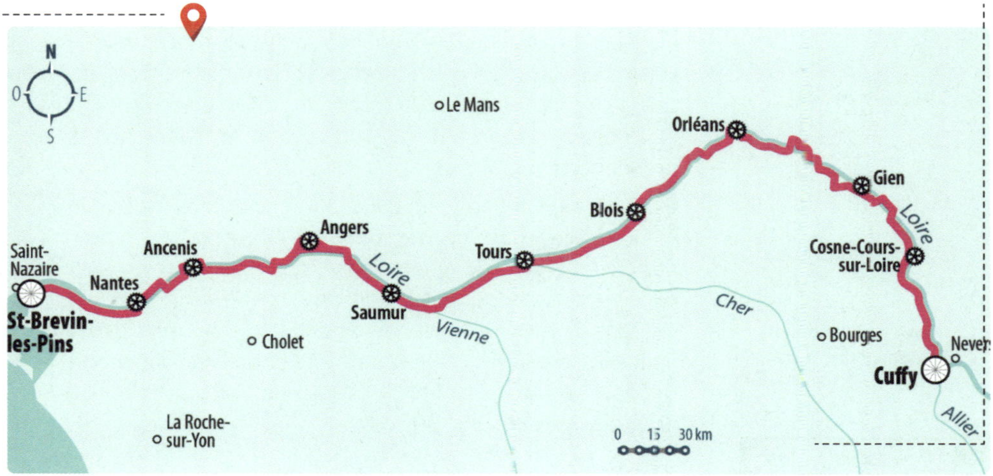

– #grandsparcours

AVENUE VERTE PARIS-LONDRES

LONDON AVENUE VERTE PARIS

Longueur : 1406 km (par la vallée de l'Epte) ; 472 km (par la vallée de l'Oise)

Difficulté :

Départ / arrivée :
Paris / Londres

Route :
Avenue Verte Paris-Londres

Transports :
gares TER le long de la partie française ; Ferry DFDS Dieppe / Newhaven / Eurostar (vélo transportable grâce à Eurodespatch / 30 Livres)

L'AVENUE VERTE PARIS-LONDRES, OU THE GREEN AVENUE LONDON-PARIS, A ÉTÉ TRACÉE ET BALISÉE EN 2012.

Aujourd'hui, un Brexit et une Covid plus tard, elle est toujours là, pour relier cyclistes et bikepackers grâce à un tracé dédié, sur les pistes cavalières du Sussex, la Manche (en ferry, pas à vélo !) et les anciennes voies ferrées du pays de Bray, puis à travers les Vexin normand et français (avec une variante plus au nord, un peu plus longue, par l'Oise et Senlis)...

C'est un itinéraire neuf, qui nous emmène à la rencontre de nos voisins les Gibis, à la fois si proches et si exotiques ! Et n'oubliez pas, à ce propos, que la circulation est inversée de l'autre côté du Channel, où l'on roule à gauche, et où les ronds-points se prennent dans l'autre sens.

L'itinéraire est entièrement balisé, facilement reconnaissable en France grâce au logo de l'avenue Verte : il peut parfois emprunter des chemins ou des sentiers un peu surprenants, soyez vigilant, par exemple aux abords de Cergy, puis dans le Vexin. Sur la partie anglaise de l'avenue Verte, l'itinéraire est fléché, avec des panneaux du réseau national des itinéraires cyclables (National Cycle Network), routes n°s 20 et 21. Le logo de l'itinéraire est installé progressivement sur le parcours.

Paris, l'île de la Cité : le point de départ.

Londres, Big Ben et Westminster : le point d'arrivée.

Composé de 53 % de voies cyclables et de 47 % de petites routes à faible trafic, l'Avenue Verte traverse champs et forêts, et il est conseillé d'avoir des pneus en conséquence : pas trop fins, et plutôt VTC pour être tranquille en toute circonstance, sachant que la météo anglaise peut être variable ! Tout au long de ce voyage au long cours, vous traversez les villes de Saint-Denis, Conflans-Sainte-Honorine, Pontoise La Roche-Guyon, Bray-et-Lû, Gisors, Saint-Germer-de-Fly, Forges-les-Eaux, Neufchâtel-en-Bray, Saint-Vaast, Dieppe, puis, de l'autre côté, Newhaven, Heathfield, East Grinstead, Rechill et enfin Londres.

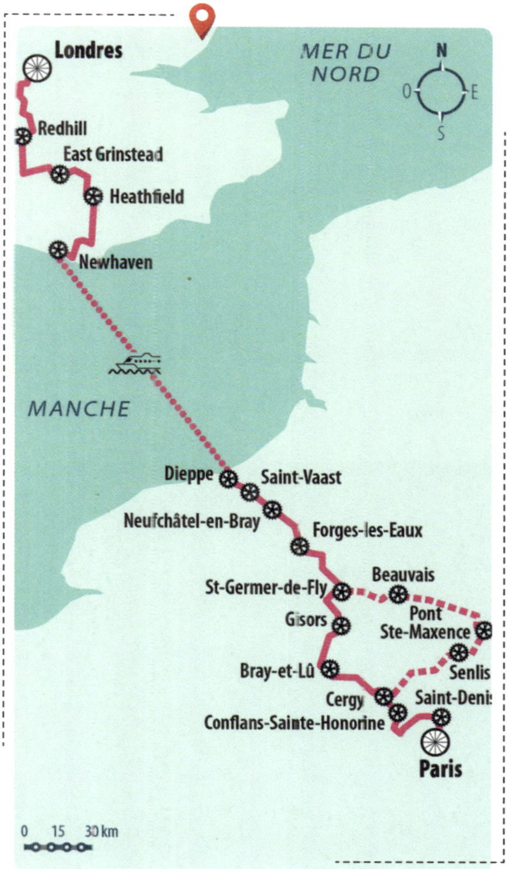

Bon à savoir

Paris-Londres en un week-end !

Si les guides envisagent généralement six étapes, il est tout à fait possible de relier les deux capitales en deux jours, avec une (courte) nuit au chaud toute trouvée : le départ à 23 heures du ferry de Dieppe, et son arrivée à 4 heures (heure anglaise) à Newhaven. Avec un départ au petit matin le samedi de Paris, il est donc parfaitement envisageable d'aller boire une pinte le dimanche soir dans quelque pub anglais du cœur de Londres !

LA FLOW VÉLO, CHIC ET BUCOLIQUE

Longueur : 290 km

Difficulté :

Départ / arrivée :
Thiviers / Fouras

Route :
Flow Vélo

Balisage :
100 %

Gares :
Train Intercités à Angoulême et à Rochefort ; gares tout au long du parcours

C'EST LA PETITE NOUVELLE : LA FLOW VÉLO, INAUGURÉE EN 2019, EST UNE « PETITE » ROUTE VÉLO (290 KM), QUI RELIE THIVIERS (DORDOGNE) À FOURAS OU ROCHEFORT-SUR-MER (CHARENTE-MARITIME) : UN ITINÉRAIRE « CHIC ET BUCOLIQUE », AINSI QU'IL SE DÉFINIT LUI-MÊME, LE LONG DE LA CHARENTE, QUI SERPENTE À FOND DE VALLÉE...

Du Périgord vert à la mer, en passant par Angoulême, Cognac, Saintes, ce sont autant de joyaux de l'art de vivre à la française qui séduisent les Anglais depuis des générations. Rouler sur la Flow Vélo, c'est bien sûr rejoindre les flots, mais c'est aussi rouler slow, en connexion avec les énergies environnantes, en famille et en profitant du décor, dans la vallée de la Charente. Le fleuve vous accompagne sur une grande partie de l'itinéraire. Navigable sur cette portion, la Charente était autrefois l'une des principales voies commerciales, grâce aux gabarres, ces navires à fond plat spécialement conçus pour la

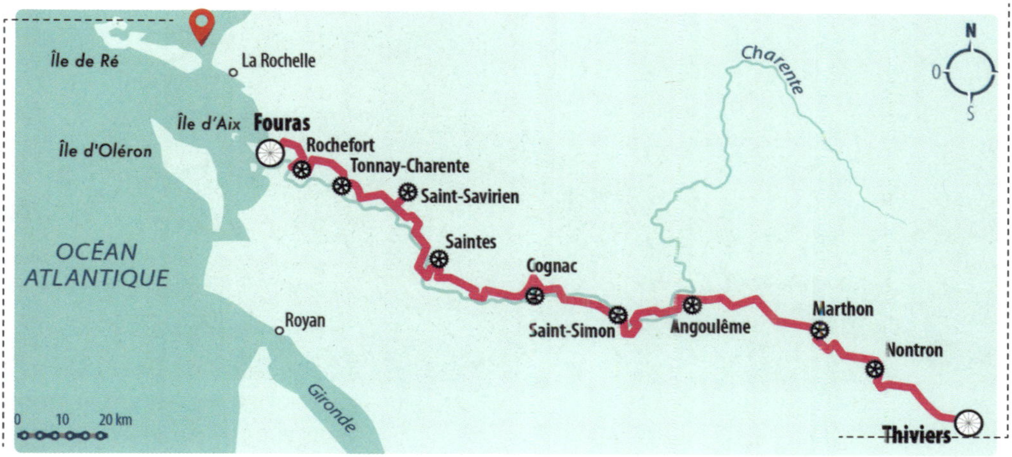

navigation fluviale. Aujourd'hui, le village gabarrier de Saint-Simon, entre Angoulême et Jarnac, propose un voyage dans le temps, à la maison des gabarriers, et sur le fleuve, à bord de la Renaissance, réplique d'une gabarre de l'époque, pour une promenade fluviale…

Ensuite, place à la Saintonge romane, entre Saintes et Tonnay-Charente : la vallée est ici bordée de villages pittoresques sur lesquels le temps n'a pas eu de prise. Flâneries, visites des centres-villes et des châteaux : prenez le temps de voyager en mode « charentaise(s) », et offrez-vous une escapade au calme… Avant de sentir l'iode, à partir de Rochefort, puis les embruns à Fouras, au terme de votre voyage : en face de l'île d'Aix, vous serez face au large, et à la puissance des éléments, régénéré et ragaillardi !

Le Port des Barques, près de Fouras et Rochefort.

Saintes, sur les bords de la Charente.

Le Mont-Saint-Michel, point d'arrivée grandiose de la Véloscénie.

– #grandsparcours

LA VÉLOSCÉNIE, L'OUEST EN SELLE ET EN SCÈNE

450 KILOMÈTRES, 25 ÉTAPES, UNE ROUTE IDYLLIQUE À TRAVERS L'ÎLE-DE-FRANCE, LE CENTRE-VAL DE LOIRE, LES PAYS DE LA LOIRE ET LA NORMANDIE, DES CHÂTEAUX, DES PARCS NATURELS À FOISON, LA VÉLOSCÉNIE, C'EST UNE BONNE ENTRÉE EN MATIÈRE POUR LE VOYAGE À VÉLO, EN FAMILLE, EN SOLO OU ENTRE AMIS !

Une route en pente douce, entre voies vertes, pistes cyclables et petites routes balisées, qui vous emmène jusqu'au Mont-Saint-Michel et sa baie majestueuse (où la marée remonte à la vitesse d'un cheval au galop, ne l'oublions pas !).

Fiche technique

Longueur : 450 km

Dénivelé : 1 734 mètres

Difficulté : 3/7

Départ / arrivée : Paris / Mont-Saint-Michel

Route : Véloscénie

Balisage : Véloscénie

Transports : nombreuses gares le long du parcours

La Véloscénie – Paris / Le Mont-Saint-Michel – L'itinéraire grand spectacle

Saint-Céneri, dans l'Orne.

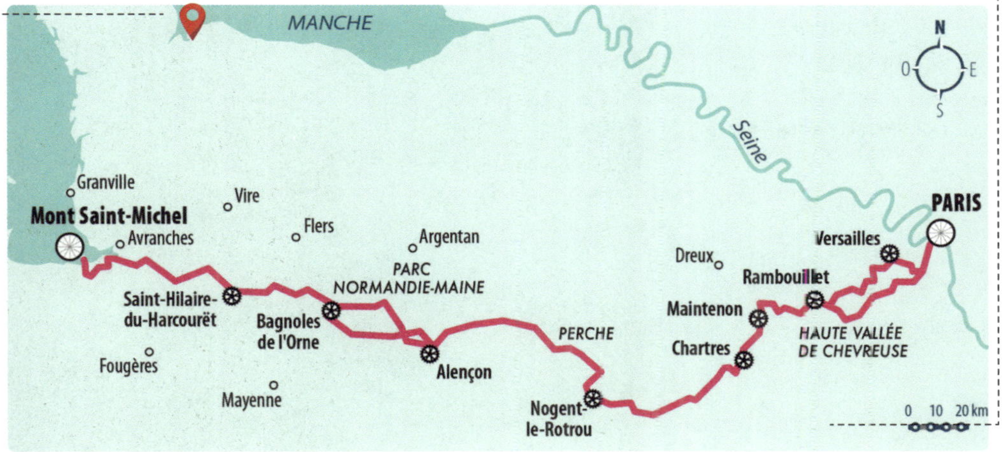

Entre les trois parcs naturels – Haute Vallée de Chevreuse, le rendez-vous du dimanche de tous les cyclistes parisiens, le Perche et ses vallons, et le parc Normandie-Maine et ses haras –, et les nombreux châteaux (Versailles, Rambouillet, Maintenon, notamment), il y en a pour tous les goûts. Et pour tous les rythmes, à travers quatre régions et huit départements !

Si la route est douce, elle compte tout de même quelques étapes assez vallonnées, notamment vers Alençon. Préparez-vous un peu à l'avance, réservez également vos hébergements pendant la saison haute, et comptez large si vous avez des enfants. Mais le jeu en vaut la chandelle, et l'omelette au Mont-Saint-Michel n'en sera que meilleure !

Abbaye cistercienne de Fontenay.

– #grandsparcours

LA BOURGOGNE, CANAL HISTORIQUE

Fiche technique

Longueur : 215 km

Dénivelé total : 200 m

Difficulté :

Départ / arrivée :
Auxerre/ Dijon

Routes :
55 % sur chemin de halage (praticable mais non encore balisé)
45 % sur voie verte

Balisage :
Le Tour de Bourgogne à vélo / 100 % balisé dans les deux sens

Transports :
Intercités, TER à Auxerre

Le canal de Bourgogne, près de Châteauneuf-en-Auxois.

D'AUXERRE (OU DE MIGENNES, PLUS PRÉCISÉMENT, À 20 KM AU NORD) À DIJON, LE CANAL DE BOURGOGNE TRACE UN SILLON AU CŒUR DE LA BOURGOGNE, LE PAYS DES DUCS – PRESQUE – PLUS PUISSANTS QUE LES ROIS.

Un voyage en roue libre, dans des décors doux et préservés, aux nombreuses thématiques : histoire, culture, gastronomie… Autant de dérivatifs appréciables pour rythmer des étapes à vélo faciles et accessibles aux familles. L'abbaye de Fontenay, construite en 1118 et classée au patrimoine mondial de l'UNESCO ; le site de la bataille d'Alésia, pour réviser les bases de notre histoire et celle de nos ancêtres les Gaulois (même si ce fut une défaite pour Vercingétorix) ; la cité médiévale de Châteauneuf-en-Auxois, qui compte parmi les plus beaux villages de France ; ou enfin le château de Commarin, ville natale d'Henri Vincenot, l'un des plus grands écrivains régionalistes, auteur de La Billebaude…

Des étapes qui permettent de découvrir les richesses culturelles du patrimoine bourguignon, sans oublier les nourritures terrestres, avec des villages-étapes tout au long du parcours pour des ravitaillements faciles. Bref, une très belle balade initiatique pour une première rando en famille, par exemple !

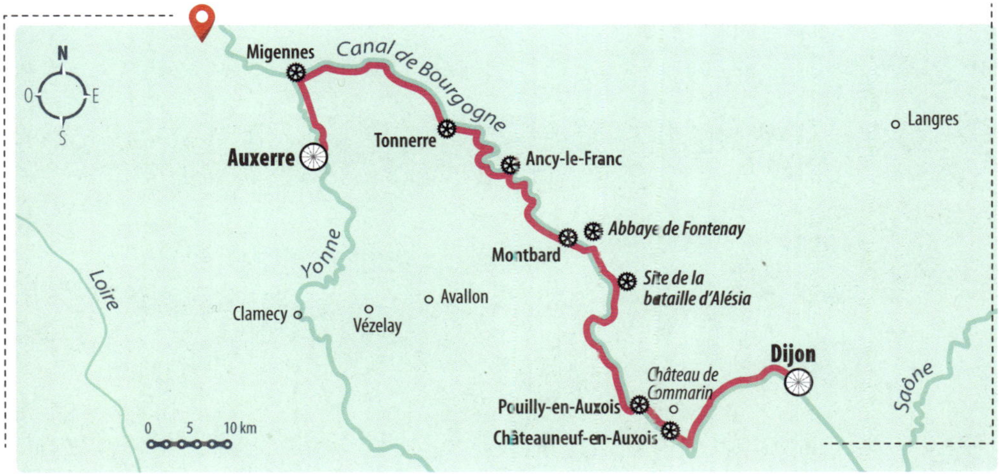

L'ITINÉRAIRE DES TROIS PAYS : DEUX JOURS DE DÉPAYSEMENT…

Fiche technique

Longueur : 193 km

Dénivelé : 2 000 m D+

Difficulté :

Départ / arrivée : Mulhouse

Routes : balisées à 100 %

Gare : TGV Mulhouse

UN BOUT D'ALSACE, DANS LE SUNDGAU, UNE PARTIE SUISSE (POUR LE FROMAGE !), ET UN PETIT MORCEAU DE FORÊT NOIRE POUR LA FIN !

L'itinéraire des Trois Pays, c'est une belle boucle dans cette région si authentique et particulière, à travers les Vosges et à cheval sur la France, l'Allemagne et la Suisse.

Mulhouse, Bâle, Rheinfelden, Neuenburg : autant de villes aux offres culturelles riches et diversifiées, pour une balade cycliste, historique et géographique. L'histoire et les langues résonnent dans cette région, et les influences se mélangent, tant dans l'art de vivre que dans la gastronomie : traverser les frontières au rythme du vélo, c'est le meilleur moyen de sentir ces différents courants, et de les vivre, le nez au vent ! Un itinéraire à privilégier en été, qui s'effectue en grande partie sur des voies protégées, pour une tranquillité maximale.

Le canyon de Creux-du-Van, près de Neuenburg.

Rheinfelden, à la frontière suisse-allemande.

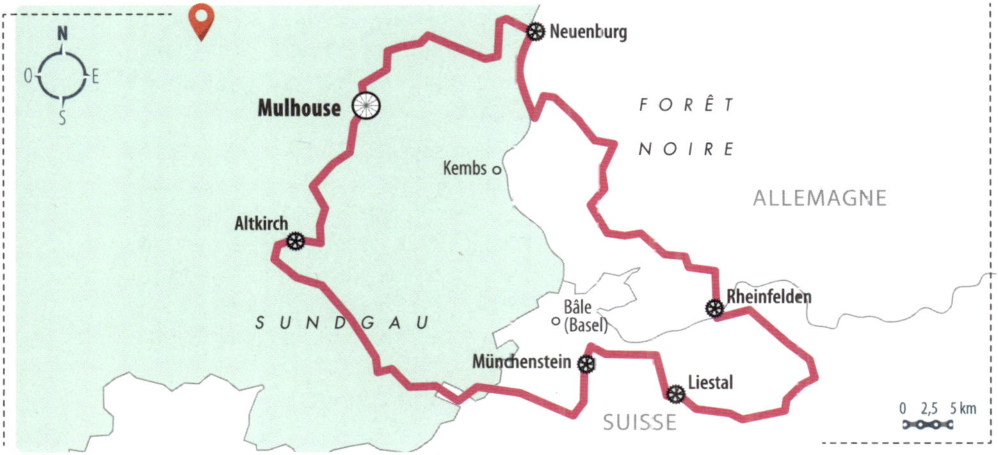

– #grandsparcours

LA SCANDIBÉRIQUE, DU NORD AU SUD, LA MÈRE DE TOUTES LES VÉLOROUTES

Fiche technique

Longueur : 1 700 km (en France)

Difficulté : 5/7

Départ / arrivée : Maubeuge / Saint-Jean-Pied-de Port

Route : Eurovélo 3 / Trondheim (Norvège) / Saint-Jacques-de-Compostelle (Espagne)

Balisage : Eurovélo 3 (attention, balisage aléatoire, voire absent aux abords de Paris ou encore dans les Pyrénées-Atlantiques). Il est recommandé de s'équiper d'un GPS.

Gare : Maubeuge

DEPUIS JUIN 2018, LA ROUTE EUROVÉLO 3 RELIE TRONDHEIM, EN NORVÈGE, À SAINT-JACQUES-DE-COMPOSTELLE : UNE ROUTE NORD-EST/SUD-OUEST, LONGUE DE 5 400 KM, QUI FAIT TRAVERSER SEPT PAYS ET PASSER PAR PAS MOINS DE VINGT SITES CLASSÉS AU PATRIMOINE MONDIAL DE L'UNESCO !

La route est également appelée la véloroute des pèlerins, car elle emprunte quelques-uns des chemins de pèlerinage les plus connus d'Europe. Elle porte ainsi, en France, le doux nom de Scandibérique, puisqu'elle relie la Scandinavie à la péninsule Ibérique.

C'est donc un voyage au long cours qui vous attend, de la Meuse jusqu'au Pays basque, pour lequel il vous faudra prévoir au moins trois semaines. Mais ce sont trois semaines de dépaysement complet, qui vous font découvrir la France par ses chemins de traverse, le long des canaux et des fleuves, au cœur des forêts...

Les montagnes du Pays basque, près de Saint-Jean-Pied-le-Port.

Saint-Émilion, au milieu des vignes.

LA SCANDIBERIQUE
Trondheim • Paris • Compostelle

C'est l'occasion de faire, à vélo, un voyage comme celui que raconte Sylvain Tesson dans *Sur les chemins noirs*, et de naviguer dans des régions encore préservées, tels l'Avesnois, dans l'Aisne, la Vienne, le Poitou ou encore l'intérieur du Pays basque. En évitant les grandes plaines, et sur un parcours au tracé agréable, privilégiant les forêts, vousdécouvrez la France par un chapelet de nombreuses villes pittoresques, en dehors des grandes agglomérations : Guise et son familistère, une cité ouvrière construite par le visionnaire Charles Godin (à visiter absolument !), Châtellerault, Angoulême, Libourne, Saint-Émilion... pour ne citer que quelques joyaux méconnus !

– #grandsparcours

LA MEUSE À VÉLO, UN VOYAGE VÉLOSOPHIQUE !

Fiche technique

Longueur : 443 km en France, 1 000 km au total

Dénivelé total : 3 913 m D+

Difficulté :

Départ / arrivée : Plateau de Langres / Source de la Meuse

Route : Eurovélo 19 / Meuse à vélo
32 % sur voies cyclables
68 % sur petites routes à faible trafic

Balisage : V54 (balisage national) / Meuse à vélo

Transports : Ligne TER Charleville-Mézières <> Givet ; Ligne TER Sedan – Charleville-Mézières – Reims – Paris Est ; Ligne TER Paris Est – Troyes – Chaumont – Belfort – Mulhouse

La forteresse de Charlemont, à Givet.

LANGRES, CHARLEVILLE-MÉZIÈRES, SEDAN, DOMRÉMY, VERDUN, LA MEUSE, LES ARDENNES… AUTANT DE NOMS QUI ÉVOQUENT LES GRANDES HEURES – ET LES HEURES SOMBRES – DE L'HISTOIRE DE FRANCE ET D'EUROPE, ET D'IMPORTANTES FIGURES DE LA CULTURE FRANÇAISE (AINSI QUE BELGE ET ALLEMANDE, D'AILLEURS), DE JEANNE D'ARC À SIMENON EN PASSANT PAR RIMBAUD, L'HOMME AUX SEMELLES DE VENT !

Cela semble lyrique, et étrange, que de vouloir passer ses vacances là. C'est pourtant une sacrée expérience, dans une nature préservée, à travers des villes fortifiées et le long d'un fleuve aux larges boucles, qui constitue une dorsale de la construction européenne.

Du plateau de Langres, également aux sources de la Seine, puis dans les Côtes de Meuse, où les forêts plongent abruptement vers le fleuve, avant d'atteindre les Ardennes, massif schisteux qui semble fermé (mais l'Histoire a prouvé que l'on pouvait y passer !), on voyage sur de petites routes désertes ou des pistes cyclables, et l'on entend le souffle et les voix de la Grande Histoire. Attention à ne pas entendre trop de voix quand même !

Reste que c'est un bel itinéraire de vélosophie, où l'on pédale sans bruit dans des paysages qui ont vu la folie des hommes mais demeurent aussi accueillants que les gens, les villes, et la mirabelle !

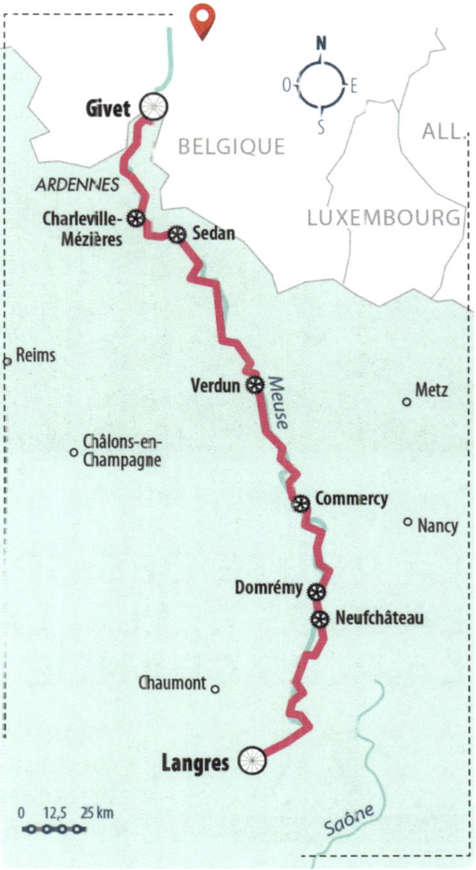

La Meuse près de Charleville-Mézières.

Le col du Galibier, dans les Alpes.

– #grandsparcours

LA ROUTE DES GRANDES ALPES, LA PLUS BELLE, LA PLUS HAUTE, LA PLUS GRANDE !

Fiche technique

Longueur : 720 km

Difficulté :

Dénivelé total : 17 000 km

Départ / arrivée : Thonon / Nice

Route : Route des Grandes Alpes

Transports : Gare TER à Thonon (ou Lyria, TGV vélo friendly, à Genève, à 40 km) ; gare TGV à Nice

720 KM, 17 COLS, 16 000 M DE DÉNIVELÉ POSITIF (D+ POUR LES INITIÉS) DU LAC LÉMAN JUSQU'À LA MÉDITERRANÉE : LA ROUTE DES GRANDES ALPES EST UN MONUMENT, DANS L'UN DES PLUS SPECTACULAIRES (LE PLUS ?) MASSIF MONTAGNEUX DU MONDE !

Cette route, balisée par de grands panneaux marron à chaque sortie de ville, vous amène – vous fait grimper serait plus juste – sur les plus célèbres cols des Alpes : le Cormet de Roselend, le Galibier, la Bonette, l'Izoard, le Télégraphe, l'Iseran, la Colombière, autant de noms (dans le désordre, et sans oublier les autres) qui ont fait rêver des centaines de milliers d'amateurs du Tour, et qui vous en feront voir de toutes les couleurs quand vous serez aux prises avec eux, avec un braquet de 34 x 32, et que vous regretterez de ne plus avoir de dent de secours !

Les paysages les plus majestueux se succèdent, l'air piquant des cimes vous enivre, l'odeur des mélèzes au sud de Briançon appellent la Méditerranée. Chaque étape est une victoire sur soi-même : autant le dire, la route des Grandes Alpes, c'est du grand vélo ! Il faut s'entraîner avant d'y aller, il est recommandé de ne pas être trop chargé – configuration bikepacking minimale recommandée. Car vous allez enchaîner les cols comme des montagnes russes – toutes proportions gardées.

La chapelle et le lac Roselend.

Accessible de fin mai à septembre, la route des Grandes Alpes est un itinéraire qui passe à 2 783 m (à la Bonette), et dans un décor de haute montagne : la prudence s'impose donc, et il est important de rester vigilant. D'autant plus qu'elle est de plus en plus fréquentée, et notamment par des motards, plus rapides (et plus bruyants) : attention donc à cohabiter en bonne intelligence ! Avant de partir, il peut être utile de vérifier que les cols sont bien ouverts à la circulation, ou même – joie ultime ! – qu'ils sont bien réservés aux cyclistes pendant une demi-journée. C'est de plus en plus souvent le cas sur les grands cols, et cela mérite d'intégrer ce paramètre dans son planning dès que c'est possible !

Bon à savoir

Recharger son vélo

La route des Grandes Alpes devient accessible à plus de cyclistes grâce à l'assistance électrique. Il existe 100 bornes de recharge VAE, stratégiquement disposées tous les 30 à 40 km le long de la route.

– #grandsparcours

LA GRANDE TRAVERSÉE DU MASSIF CENTRAL : LA COURSE EN PLEINE NATURE

Fiche technique

Longueur : 1 380 km

Dénivelé : 3 000 m

Difficulté :

Départ / arrivée :
Avallon / Cap-d'Agde

Route :
GTMC

Balisage :
100 %

CINQ PARCS NATURELS TRAVERSÉS, LES PLUS PETITES ROUTES DE FRANCE, DU DÉNIVELÉ CASSE-PATTES, DU DÉNIVELÉ TOUT COURT, DES SINGLES TECHNIQUES, DE L'AUTONOMIE : LA GRANDE TRAVERSÉE DU MASSIF CENTRAL, DU MORVAN À LA MÉDITERRANÉE, RÉOUVERTE DEPUIS 2018, C'EST INTO THE WILD EN VTT, ET AVEC UN HAPPY END À LA FIN : PLONGER DANS LA GRANDE BLEUE, OUBLIER LE VÉLO, APRÈS QUINZE JOURS DE VTT INTENSE !

Ici, pas question de sacoches latérales ni de débats gravel vs VTT : c'est 100 % VTT, éventuellement suspendu à l'avant (et dans ce cas, attention à la bonne adéquation débattement/sacoches : les frottements sont à proscrire), et c'est engagé quoi qu'il arrive : les plus entraînés mettront une dizaine de jours pour boucler la GTMC, dans des conditions sommaires.

Cela se passera au cœur des paysages les plus inaccessibles, les plus sauvages et les plus préservés de France. C'est ça la récompense... s'il y en avait besoin ! Parce qu'entre le Morvan, les volcans d'Auvergne, les Grands Causses, les Cévennes et

Le parc des Grandes Causses dans l'Aveyron.

les plages de la Méditerranée, inutile de dire que ce sont des panoramas inoubliables, et des journées de vélo bien remplies ! La GTMC, c'est un trip à faire entre amis, entre sportifs, à VTT : vous avez déjà fait le GR20 à pied en Corse ? Eh bien, maintenant, la GTMC vous attend !

GRANDE TRAVERSÉE DU MASSIF CENTRAL

Balade dans le Morvan.

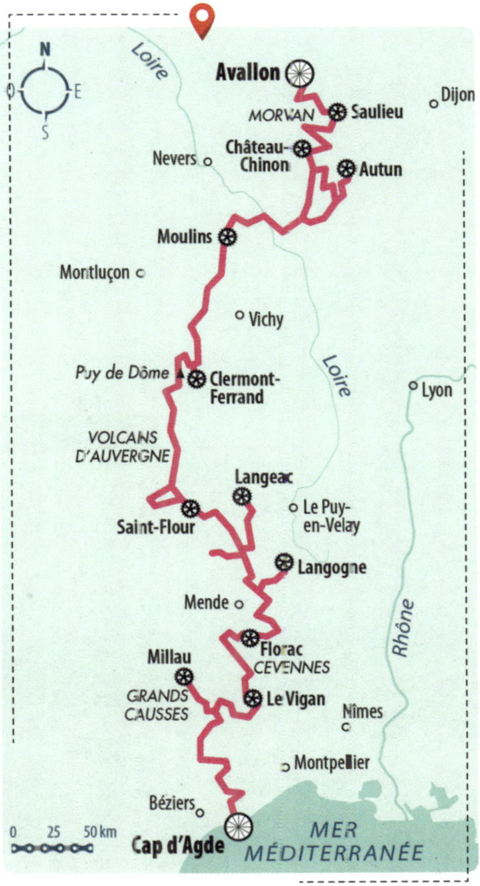

– #grandsparcours

LA MÉDITERRANÉE À VÉLO, ON DIRAIT LE SUD (À BICYCLETTE) !

Fiche technique

Longueur : 850 km

Difficulté :

Départ / arrivée :
Le Perthus / Menton

Route :
Eurovélo 8 / La Méditerranée à vélo

Balisage : Eurovélo 8 (attention le parcours n'est pas entièrement balisé)

Transports : SNCF TGV à Collioure ; Intercités / TER à Menton

IMAGINEZ : VOUS PARTEZ DU PIED DES PYRÉNÉES, POUR HUIT JOURS DE BALADE TOUT AU LONG DE MARE NOSTRUM, NOTRE MER DEPUIS LES ROMAINS (ET MÊME AVANT, D'AILLEURS !).

Un itinéraire typé aventure, sur tous les chemins de traverse de notre beau Sud, entre littoral, canaux, arrière-pays, mer et montagne, dans des régions à l'identité forte, aux accents chantants, et parsemée des plus beaux vestiges de la civilisation romaine. Le chant des cigales, les odeurs du Midi, la tramontane et le mistral dans les cheveux : la Méditerranée à vélo, c'est une expérience unique, et une nouvelle manière de découvrir le pourtour méditerranéen. Pour les Méridionaux, c'est la plus belle région du monde, et on ne serait pas loin de les croire lorsqu'on y est !

Le village de Saint-Saturnin-lès-Apt, dans le Luberon.

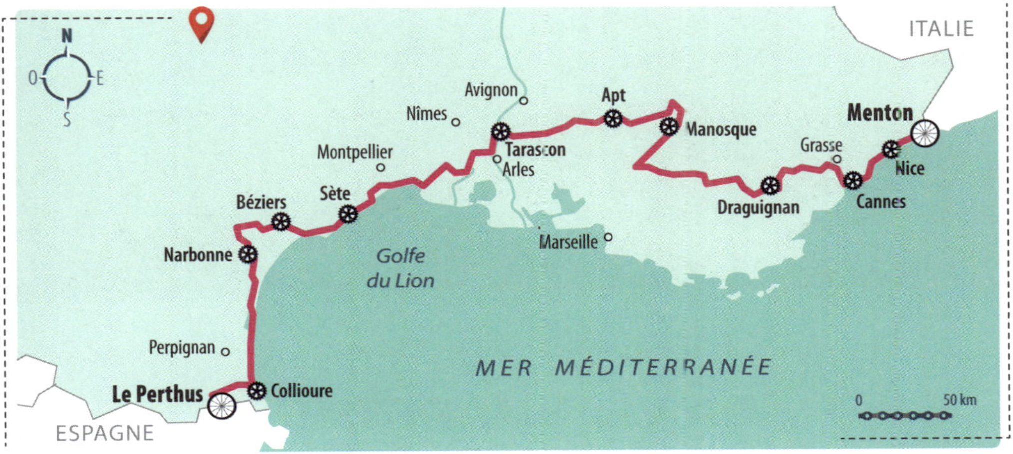

La Méditerranée à vélo, c'est la portion française de l'Eurovélo 8, qui relie Cadix, en Espagne, à Izmir, en Turquie, soit 7 200 km et douze pays traversés. En France, elle longe le canal du Midi dans sa partie ouest, puis partage l'itinéraire de la Via Rhona : elle traverse successivement les villes de Perpignan, Narbonne, Béziers, Sète, Montpellier, Tarascon, Apt, Manosque, Draguignan, Nice et Menton… et passe à travers des paysages d'arrière-pays, Camargue, Luberon, et massif des Maures entre autres. Ce qui explique que la seconde moitié de l'itinéraire soit plus escarpée, et plus aventureuse, avant de redescendre sur la côte, au niveau de Cannes, puis de rejoindre la baie des Anges, et de remonter sur la fameuse corniche de Villefranche !

Un itinéraire de rêve, pour lequel il convient toutefois de se préparer, et de bien choisir sa fenêtre – météo et vacances : il y a beaucoup de monde dans le Midi en été, et il y fait très chaud. Si on le peut, partir en mai/juin serait l'occasion de profiter d'une nature toute neuve, dans des paysages encore libres !

Parc à huîtres sur l'étang de Thau, près de Sète.

– #grandsparcours

LA VÉLOMARITIME, LA MANCHE GAGNANTE

Longueur : 1 475 km

Dénivelé total : 13 300 m

Difficulté :

Départ / étape / arrivée : Roscoff / Bray-Dunes

Route : Eurovélo 4/ Vélomaritime

Balisage : Vélomaritime

Les principales gares de l'itinéraire :

Bretagne : Morlaix, Lannion, Saint-Brieuc, Saint-Malo ; Normandie : Pontorson – Mont-Saint-Michel, Saint-Lô, Cherbourg, Bayeux, Caen, Trouville-Deauville, Le Havre, Fécamp, Dieppe, Le Tréport Mers-Les-Bains ; Hauts-de-France : Étaples Le Touquet, Boulogne Ville, Calais Ville, Dunkerque

Les remparts de Saint-Malo.

LA VÉLOMARITIME, C'EST 1 475 KILOMÈTRES DE PISTES ET DE VOIES PARTAGÉES ENTRE ROSCOFF ET BRAY-DUNES, À LA FRONTIÈRE BELGE. UN ITINÉRAIRE MI-MER, MI-CAMPAGNE, QUI VOUS FERA ARPENTER TOUTE LA FAÇADE NORD DE LA FRANCE, DE LA MANCHE À LA MER DU NORD.

La baie de Somme. ↗

Entièrement balisé au mois de juin 2021, c'est (encore) un parcours de pionnier ! Vous y prendrez un bon bol d'iode et de chlorophylle… ainsi que de bonnes bolées de cidre !

La baie du Mont-Saint-Michel, les plages du Débarquement, les falaises d'Étretat, la baie de Somme, la côte d'Opale, et tout cela les cheveux au vent ! Et d'ailleurs, au vu du tracé et des régimes des vents dominants, nous vous conseillons de privilégier le sens Roscoff-Dunkerque… même si cela ne vous empêchera pas d'avoir de temps en temps le vent dans le nez au fil du parcours. Pour fêter ce lancement d'une nouvelle route, un concours a été lancé, et des ambassadeurs ont été sélectionnés : ils conjuguent leur odyssée sur la Vélomaritime, effectuée au mois de juin 2021, avec une autre passion : la gastronomie locale, les vieux gréements, etc. Et tout cela sera raconté sur le site de la Vélomaritime, pour découvrir comment le vélo est le moyen idéal de (re)découvrir tous les territoires.

Et d'ailleurs, si vous avez le temps – et l'envie – de continuer une fois arrivé à la frontière belge, la route est ouverte : la Vélomaritime est le segment français de l'Eurovélo 4, qui relie Roscoff à Kiev, en Ukraine, soit 5 100 kilomètres et cinq pays traversés !

La côte basque, à Hendaye.

– #grandsparcours

LA GRANDE TRAVERSÉE DU PAYS BASQUE EN VTT : LA RANDO SAUVAGE ET MONTAGNEUSE

Fiche technique

Longueur : 220 km

Dénivelé : 8 500 m

Difficulté :

Départ / arrivée :
Saint-Palais / Hendaye

Route :
chemins 100 % balisés

Gares :
Saint-Palais/Hendaye

DEPUIS 2015, LA GRANDE TRAVERSÉE DU PAYS BASQUE À VTT, C'EST UN TRAJET IDÉAL POUR DÉCOUVRIR LES MONTAGNES BASQUES, PASSER LES COLS ET LES BOSSES EN JOUANT À SAUTE-MOUTON – ET IL Y EN A BEAUCOUP ! – ENTRE LES COLS ET LES VALLÉES, AVEC DES MONTÉES TERRIBLES QUI SE TERMINENT EN PORTAGE, ET DES SINGLES À FOND DANS LES DESCENTES !

Des étapes bien pensées, physiques et techniques, un topo guide clair et précis en accès libre sur le site vtt .tourisme64.com (profitez-en pour lire la traversée de Gabin et Quentin sur le site : un récit drôle, enlevé et bien écrit, qui sait retranscrire toute la saveur d'une aventure bikepacking vécue de l'intérieur), et toute l'essence du Pays basque : de la bonne chère, des gens sympathiques à l'accent rocailleux, des pottoks, des vautours, des rivières et de belles montagnes... bien arrosées !

La vieille ville de Saint-Jean-Pied-le-Port.

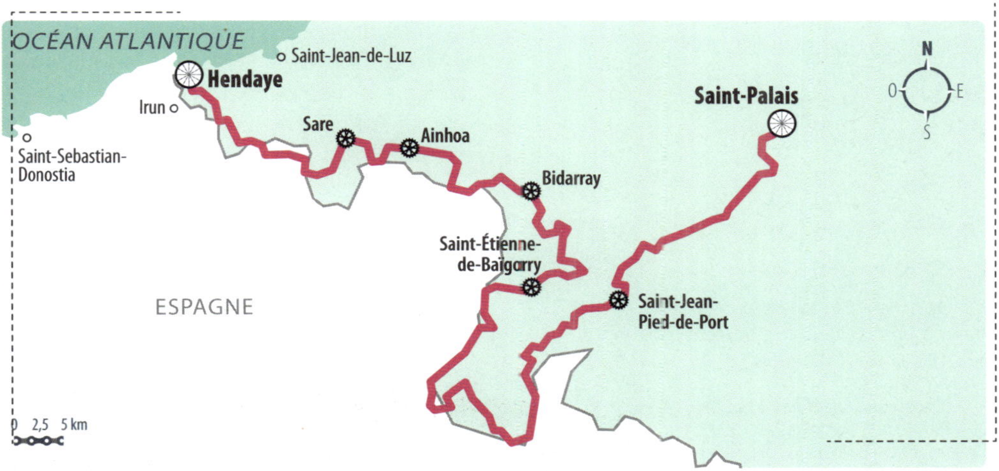

Car si le Pays basque est si vert, c'est qu'il y a une raison : les nuages arrivés de la mer s'arrêtent sur les montagnes, et font toujours une pause dans le coin... Mais il y a aussi du beau temps, et la vie est belle en VTT dans cette région ! À tenter, donc, si vous êtes féru de VTT et à la recherche d'une aventure à vélo engagée, pleine de sensations fortes et de plaisirs montagnards. Partez légers, en revanche sur ces chemins, chaque gramme compte à la montée, et il faut pouvoir rester maniable dans les descentes pour un maximum de glisse et de plaisir !

– #grandsparcours

LA GRANDE TRAVERSÉE DE L'ARDÈCHE : DE MONTS EN COLS À VTT

Fiche technique

Longueur : 315 km

Dénivelé : 5 576 m

Difficulté :

Départ / arrivée :
Annonay/ Bourg-Saint-Andéol

Route :
chemins 100 % balisés (dans le sens nord/sud) ; principalement sur les GR 4 et GR 7

Gares pour accéder à la GTA VTT :
St-Vallier-sur-Rhône : gare la plus proche d'Annonay (23 km) ; Ligne TER Lyon / Avignon avec emplacement vélo gratuit ; Pierrelatte : gare la plus proche de Bourg-Saint-Andeol (6 km) - Ligne TER Lyon / Avignon avec emplacement vélo gratuit

L'ARDÈCHE, C'EST LE PARADIS DES CYCLISTES, QUI SE REGROUPENT D'AILLEURS TRADITIONNELLEMENT CHAQUE ÉTÉ POUR L'ARDÉCHOISE, LA BIEN-NOMMÉE, L'UNE DES COURSES LES PLUS CONNUES ET LES PLUS SYMPATHIQUES DE L'UNIVERS CYCLOTOURISTE !

L'Ardèche, c'est un monde à part, où il n'y a pas de gare mais des dizaines de cols, tous plus accueillants les uns que les autres : et si vous la traversiez à VTT ? Depuis les contreforts du massif Central, dans la montagne ardéchoise, puis dans l'Ardèche cévenole, et enfin en Ardèche méridionale, vous naviguerez dans les grands espaces en toute liberté, sans

Le massif du Mézenc, dans les monts d'Ardèche.

Les monts d'Ardèche, à vélo !

aucune voiture (évidemment), et de village en village. À travers le parc naturel régional des Monts d'Ardèche, vous passerez les monts Mézenc et Gerbier-de-Jonc, le massif du Tanargue, le bois de Païolive et les gorges de l'Ardèche, pour finir dans les vignobles puis au bord du Rhône… Une itinérance en pleine nature pas trop technique, mais qui nécessite une bonne forme physique, et une configuration bikepacking optimisée. En gravel ou en VTT, les petites sacoches sont de mise, et dans les montées, il vaut mieux ne pas emporter trop de poids !

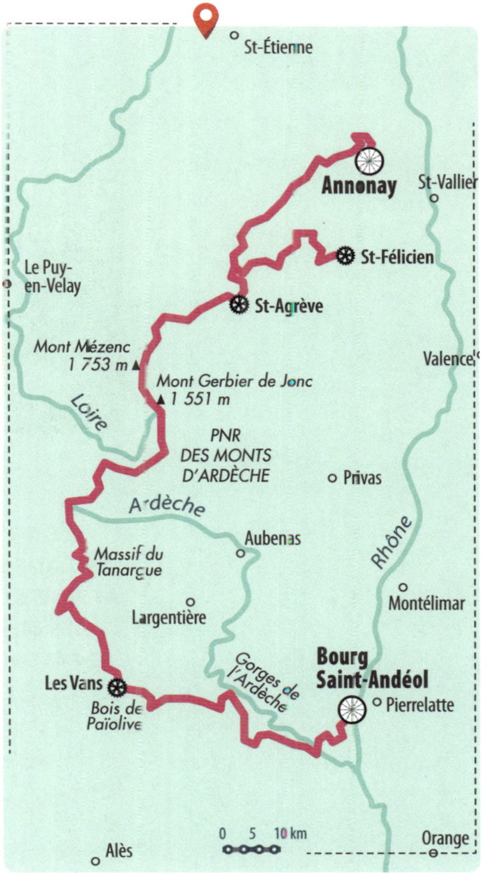

Grande Traversée de l'Ardèche
VTT FFC
www.ffc.fr
Grande Traversée de l'Ardèche

– #grandsparcours

LES P'TITES ROUTES DU SOLEIL : LA TRAVERSÉE DES ALPES EN MODE BALADE

Fiche technique

Longueur : 850 km

Dénivelé total : 15 000 m

Difficulté :

Départ / arrivée :
Thonon / Nice

Routes :
petites routes

Gares :
TGV à Thonon et à Nice

Le lac du Bourget, en Savoie.

LES P'TITES ROUTES DU SOLEIL, C'EST LA VERSION BALADE DE LA GRANDE ROUTE DES ALPES : 850 KM ET 44 PETITS COLS POUR PASSER DE LA SAVOIE À LA VALLÉE DES MERVEILLES EN PROFITANT D'UNE MULTITUDE DE PAYSAGES VARIÉS, ET TOUS D'UNE GRANDE BEAUTÉ.

Les lacs de Savoie, le plateau du Vercors, les Baronnies, la Haute Provence, les Préalpes d'Azur... Autant de territoires aux identités fortes et aux produits du terroir alléchants ! Vallées, moyenne montagne, baignades, balades : qui a dit que le bikepacking dans les Alpes, c'était nécessairement le Galibier, le col de la Bonette, et des litres de sueur ?

Cet itinéraire, c'est une autre vision de la rando à vélo, pour tous les nouveaux pratiquants. Et d'ailleurs, il intègre également une nouveauté : outre les 90 hébergements répertoriés, il recense 100 sites de recharge pour VAE, pour tous les pratiquants branchés ! Avec cette dimension pratique, le plus grand massif d'Europe s'ouvre à tous, sans distinction d'âge ou de forme physique, puisque le VAE, avec ses assistances variables, permet à chacun de doser son effort, et de se remettre en forme à son rythme. Plus personne n'a d'excuse pour ne pas essayer – au moins – d'aller prendre un grand bol d'air, dont les effets bénéfiques se font ressentir pendant six mois... minimum !

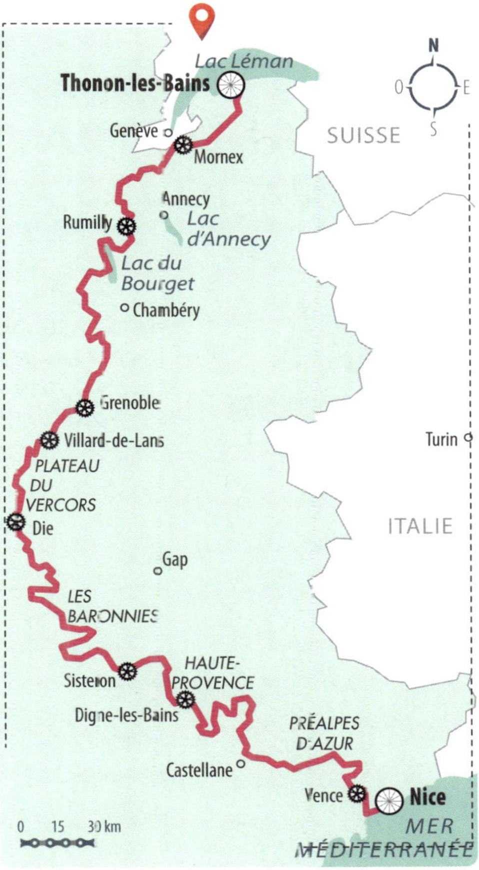

Le plateau du Vercors.

LA GRANDE TRAVERSÉE DU VOLCAN : DEUX JOURS À HAUTE INTENSITÉ

Longueur : 232 km

Dénivelé : 2 558 m D+

Difficulté :

Départ / arrivée :
Bresle / Port d'Agrès

Route : GT2V

Balisage : 100 %

Gares :
Maurs : ligne train TER avec Figeac, car vers Aurillac ; Aurillac : ligne TER vers Brive, Clermont-Ferrand et Figeac - Massiac (vers Blesle)

SUR 232 KM ET 2 558 M DE DÉNIVELÉ, LA GRANDE TRAVERSÉE DU VOLCAN À VÉLO (GT2V POUR LES INTIMES) EST UN JOYAU BIEN GARDÉ, QUI PART DE LA VALLÉE DU LOT ET REJOINT LE PUY MARY ET LE VAL D'ALLIER À TRAVERS TOUT LE CANTAL, SUR LE PLUS VIEUX VOLCAN D'EUROPE.

Un parcours engagé, pour lequel il faudra bien vérifier les dénivelés à chaque étape et la météo, car le temps également peut être rugueux (les cols n'ouvrent d'ailleurs pas avant fin mai) ! Mais les routes, les gorges et les hauts plateaux valent le détour, ainsi que les villes et villages traversés : Maurs, Aurillac, Mandailles, Allanche...

Profitez-en pour faire le plein de mets locaux, car sur le reste du parcours, vous trouverez peu de choses ! À l'approche de l'arrivée, vous atteindrez au point d'orgue : les 1 200 m d'ascension du col du Pas de Peyrol, au pied du puy Mary, le juge de paix du Cantal... Le temps d'un long week-end, un voyage initiatique en bikepacking engagé, dans des paysages déserts et splendides !

La GT2V traverse les spectaculaires volcans d'Auvergne.

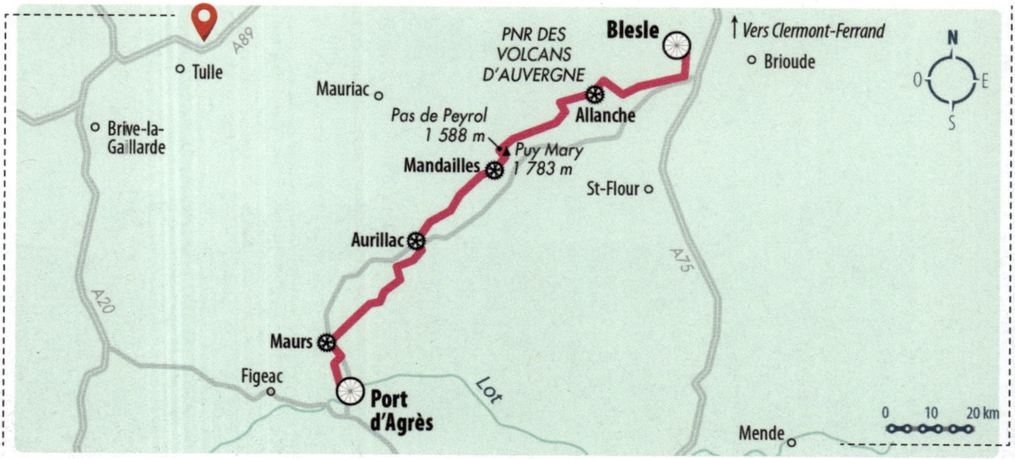

LA VIE À VÉLO
mode D'EMPLOI

Le monde du vélo est vaste et accueillant. En même temps que les pistes cyclables se multiplient, les évènements, les manifestations, et les groupes en rapport avec le cyclisme aussi. Entrez dans cet univers qui vous fera voir la vie en plus grand !

UN TRANSPORT, UN LOISIR ET… UNE PHILOSOPHIE d'avenir

SI VOUS ARRIVEZ À CE CHAPITRE, C'EST LE SIGNE : VOUS ÊTES ADDICT AU VÉLO ! ET D'AUTANT PLUS SI VOUS AVEZ DÉJÀ VOYAGÉ SUR TOUS LES ITINÉRAIRES PRÉSENTÉS, ÉVIDEMMENT ! RASSUREZ-VOUS : CE N'EST PAS GRAVE, ON VIT TRÈS BIEN SUR UN VÉLO, ET LE MONDE NE S'EN PORTE PAS PLUS MAL, EN PLUS. C'EST LE COMBO GAGNANT : PLAISIR, SANTÉ ET BONNE CONSCIENCE, ET ON COMPREND QUE LES NON-INITIÉS SOIENT JALOUX, JUSQU'À CE QU'ILS TOMBENT À LEUR TOUR ! VOUS AVEZ DÉJÀ GOÛTÉ À LA LIBERTÉ, ET VOUS VOULEZ ALLER PLUS LOIN, FAIRE VOTRE VÉLORUTION ?
PETIT GUIDE PRATIQUE POUR UNE VIE 100 % VÉLO.

Vélotaf, vélopolitain, vélorution, vélosophie… Vous l'avez remarqué, le monde du vélo est en pleine effervescence, et les rues de nos villes fourmillent de cyclistes heureux, sur tous types de montures : vélos électriques, fixies, vélos vintage, vélos de rando, etc. À tel point qu'il est actuellement difficile de s'équiper : toute la planète vélo est en surchauffe, et cela commence à la source, à Taïwan !

BIEN ENTRETENIR ET RÉPARER SON VÉLO

Alors, avant d'aller plus loin, commencez par un entretien régulier de votre vélo.
Cela passe par un réparateur, qui saura arranger tous vos petits et grands soucis. Plusieurs types d'ateliers vélo cohabitent actuellement, et ils peinent à répondre à la demande grandissante de réparations. D'une part, les vélocistes indépendants et leurs ateliers de réparation, communément appelés « bouclards » dans le jargon cycliste : ils peuvent être vendeurs de vélos et assurer le service après-vente ainsi que les réparations d'autres clients, ou simplement ateliers multimarques, spécialisés dans la réparation et la remise en état. Dans tous les cas, il est toujours bon de prendre ses habitudes chez « son » ou « ses » vélocistes, de devenir client, et d'apprendre auprès d'eux tout ce que l'on peut assimiler !
Autre filière : les ateliers de la marque au logo blanc sur fond bleu et d'autres grandes chaînes, proposant tout l'éventail des réparations pour tous les vélos. Enfin, les services de réparation de vélos à domicile ont également le vent en poupe : de jeunes réparateurs, généralement à vélo cargo, sillonnent les grandes villes de France et interviennent sur rendez-vous à domicile. Quelques plateformes pionnières, telle Cyclofix à Paris, Lyon, Lille et Strasbourg, ouvrent les marchés, avec généralement le réel souci d'une répartition juste des résultats : ces cyclistes-ci ne sont pas uberisés, il faut le noter ! Dans le même ordre d'idées, des coopératives se développent

dans le monde du vélo, telle Olvo, plateforme logistique à vélo à Paris, qui revisite le statut des SCOP, pour le bénéfice de ses employés coursiers. À l'autre bout du spectre, dans d'autres bassins, de jeunes entrepreneurs se lancent également en solo : du circuit court et de l'économie circulaire (forcément, le vélo ça roule et ça circule !). N'hésitez pas non plus à vous inscrire dans ces boucles vertueuses, au nom de la solidarité cycliste : nous avons un nouveau monde à construire !

Le vélo ouvre des perspectives, et la sensation de liberté quand on pédale est immense.

Le sac à dos, idéal pour les déplacements courts.

Bon à savoir

Mai à vélo

Tous les ans, un mois entier pour promouvoir la pratique du vélo, sous toutes ses dimensions, dans tous ses horizons : c'est l'objectif de « Mai à Vélo », dont la première édition a lieu en 2021, pile au moment de la parution de cet ouvrage. Vous avez un projet lié au vélo ? Vous souhaitez contribuer à développer la pratique et les initiatives liées au vélo ? Une seule adresse : www.maiavelo.fr !

UN MONDE NOUVEAU : DE NOMBREUSES INITIATIVES SOLIDAIRES

Cela ressemble à une digression, mais c'est un trait constitutif du monde du vélo tel qu'il (re)naît actuellement : sans être trop angélique, et en espérant que cela perdure, le vélo porte de nombreuses initiatives solidaires, associatives ou simplement belles et enthousiasmantes !

Ainsi, pour en revenir au sujet de l'entretien, les ateliers associatifs et coopératifs, tel Cyclofficine, Solicycles, Cycklette, pour ne citer que quelques noms, se développent dans de nombreuses villes. Ils sont animés par des bénévoles passionnés, et sont accessibles à tous moyennant une cotisation symbolique : ce sont les meilleurs endroits pour apprendre à réparer et entretenir son vélo, tout en recyclant des pièces issues de vélos donnés. Et ce sont également les meilleurs endroits pour rencontrer d'autres cyclistes, se tenir au courant de tous les événements et manifestations – car le vélo, sans que l'on puisse vraiment savoir pourquoi, est à la confluence de toutes les luttes et de tous les militantismes. Tant mieux, mais ne perdons pas non plus les pédales : il ne suffit pas d'être cycliste – et donc de connaître ce bonheur profondément personnel, voire individualiste – pour se faire le héraut de tous les opprimés. Appelons-les simplement à se libérer, en allant pédaler !

Pause méditative en descendant de vélo.

MANUEL DU VOYAGE À VÉLO

Ensuite, pour aller plus loin, c'est simple : il suffit d'allonger le voyage !

Les Eurovélos, mentionnées dans les longs parcours (partie II), sillonnent toute l'Europe, de la mer du Nord à la mer Noire, et les histoires de tour du monde ne manquent pas : c'est le rêve – ou l'année – d'une vie, et on ne rentre jamais pareil. Heureux, qui comme Ulysse a fait un beau voyage… Et pour préparer ces voyages/tranches de vie, nous serons heureux de vous aiguiller vers Le *Manuel du voyage à vélo*, édité par Cyclo-Camping International, l'association des voyageurs cyclistes au long cours, en solo ou en famille.

Bon plan //

Coups de pouce vélo et aides à l'achat

Une enveloppe de 50 euros pour réparer votre vélo, des aides (variables en fonction des régions et des villes) pour l'achat de VAE ou de vélos cargos : dans le cadre du Plan Vélo, qui vise à faire passer la part des déplacements à vélo de 3 à 9 %, l'État et les collectivités jouent le jeu ! De même, la multiplication des pistes cyclables protégées, ou des aménagements tactiques (pendant la crise du COVID) destinés aux pistes cyclables, contribue à ce grand bond en avant !

Les longues distances à vélo, des défis incroyables, des rencontres inoubliables !

L'AVENTURE LONGUE DISTANCE

Autre perspective, pour les amoureux de la longue distance, du vélo de nuit, des défis inutiles, des péripéties improbables et des rencontres inoubliables : les aventures d'ultra-longue distance en autonomie complète.

Inventées et popularisées dans les années 2000 et 2010, ces traversées (des États-Unis avec la Transam, de l'Australie avec l'Indian Pacific Road, de l'Europe avec la TCR, TransContinental Road, pour ne citer que quelques exemples) de 4 000 à 5 500 kilomètres regroupent aujourd'hui environ 300 fondus, pour une quinzaine de jours seulement ! On vous laisse imaginer les moyennes journalières, et l'état physique – et euphorique – des riders engagés dans ces aventures ! Encore confidentielles, celles-ci se développent, et elles commencent à susciter l'intérêt de la presse sportive (hors vélo), d'autant plus que la TCR 2019 a été remportée par une jeune Allemande de 24 ans, Fiona Kolbinger, qui s'alignait là sur sa première épreuve !

À tous les niveaux, et dans tous les formats, ces aventures sur lesquelles on peut s'aligner près de chez soi, pour découvrir sa région ou son pays sous un autre angle, se multiplient : Biking Man, des épreuves itinérantes, les différentes Divide (French, Italy, Spain, etc.) en VTT, ou encore toutes les itinérances imaginées par Luc Royer, le fondateur de Chilkoot, la Compagnie des Pionniers : Confluences, Born to Ride, route Stevenson à travers les Cévennes, route Napoléon, et bien d'autres encore... Exigeantes mais accessibles à tout bikepacker un peu entraîné (et puis il faut bien commencer !), ces routes varient sans cesse, s'inscrivent dans l'histoire des lieux et permettent à chaque participant d'écrire sa propre histoire, des rencontres et des souvenirs inoubliables. À tester absolument, d'autant plus que l'on parlait plus haut de découvrir des environnements familiers sous un nouveau jour : le bivouac dans un cimetière ou un Abribus, au cœur d'un village endormi ou au pied d'une montagne, pendant quelques heures de repos avant de reprendre la route, au petit matin, constitue une expérience initiatique. Cela fait découvrir un nouvel aspect du bikepacking, où l'on réalise qu'il est envisageable de parcourir 300 kilomètres par jour, et d'entrer soi-même dans la quatrième dimension !

Chilkoot, la Compagnie de Pionniers, imagine chaque année de nouveaux itinéraires tout terrain et exigent.

CHILKOOT
MSR

En montagne, en ville, en traversant les petits villages, le vélo fait naître de nouvelles manières de vivre.

RÉÉCRIRE L'HISTOIRE À VÉLO

Mais au-delà de la distance, totale ou quotidienne, le vélo est aussi un formidable moteur à histoires, à rencontres, à initiatives !
Dans les villes, dans les campagnes, à travers toutes les générations et dans tous les milieux, le vélo fait naître de nouvelles manières de vivre... qu'il s'agisse d'en faire son métier ou simplement de s'oxygéner l'esprit et les poumons ! Bien sûr, on trouve de nombreux témoignages de ces odyssées sur Internet, mais pas seulement. Ainsi, le magazine *200*, dédié à la longue distance, est passé maître dans l'art de créer et d'écrire de belles histoires à vélo. Que l'on peut également voir sur grand écran, par exemple grâce au jeune festival Tous en Selle : une sélection des meilleurs films de vélo, tous horizons confondus, diffusés en tournée dans toute la France chaque année... L'ambition de ce festival ? Rassembler les pratiquants du cyclisme, du coursier ou couple de retraités randonneurs, du pratiquant de VTT de descente au vélotaffeur, pour partager un bon moment... Rien de plus, mais rien de moins et c'est également ce que nous souhaitons partager avec tous les voyageurs, au gré des rencontres sur les chemins de France et d'ailleurs !

LES MOTS DU VÉLO

A-B-C

ATTACHE RAPIDE : fixation dotée d'une prise manuelle qui permet de retirer une roue sans outil.

BANDE DE ROULEMENT : partie visible du pneu qui peut-être à crampons, lisse ou rainurée.

BIKEPACKING : terme qui désigne le fait de voyager de façon minimaliste en chargeant uniquement son vélo (à l'aide de porte bagages, sacoches etc.).

BUTÉE DE GAINE : embout qui permet de fixer la gaine de frein ou de dérailleur tout en laissant le câble coulisser au travers de la gaine.

CADRE : élément central de la composition du vélo qui assure la liaison entre ses principaux éléments. Il est le plus souvent composé de deux triangles : l'avant, qui lie le pédalier à la fourche et la selle ; l'arrière, qui lie le pédalier et la selle à la roue arrière.

CALES : éléments fixés sur les semelles des chaussures spécialement conçues pour les pédales automatiques et qui se bloquent sur la pédale.

CARCASSE : armature du pneu constituée de fils dont la densité détermine la qualité du pneu. Plus le maillage est serré et la carcasse dense, plus la protection est efficace.

CASSETTE : monté sur la roue arrière, cet élément transmet le mouvement de la chaîne à la roue.

CATADIOPTRE : dispositifs rétroréfléchissants qui se fixe sur le porte-bagages ou les rayons garantissant la visibilité du cycliste sur la route.

CHARIOT DE FIXATION : intégré à la tige de la selle ou directement celle-ci, il se compose de deux mâchoires qui emprisonnent les rails sous la selle. En le desserrant, il est possible de régler l'avancement et le recul de la selle.

CHAPE : partie du dérailleur qui sert à maintenir la chaîne tendue. Une chape courte sera plus légère mais plus robuste, tandis qu'une chape longue sera plus souple pour les changements de vitesse, mais aussi plus fragile face à un choc.

CINTRE : élément constitutif du guidon où sont formés les poignées, puis rattaché les commandes de freins et de vitesse.

CLAVETTE : élément constitué d'un écrou et d'un bout fileté permettant de maintenir la manivelle à l'axe de pédalier.

COLLIER DE SELLE : raccordé au cadre, il maintient la tige de la selle et permet de régler sa hauteur.

CYCLOTOURISME : terme désignant le tourisme à vélo, le fait d'utiliser ce moyen de transport pour voyager.

D-E

DÉRAILLEUR : mécanisme qui permet de faire passer la chaîne de vélo d'un pignon ou d'un plateau à un autre.

ETRTO (EUROPEAN TIRE AND RIM TECHNICAL ORGANIZATION) : norme européenne qui établit la taille exacte des pneus et leur correspondance avec des jantes compatibles.

F

FIXIE : type de vélo qui se caractérise par un style minimaliste, disposant généralement d'une chaîne mono vitesse et d'un seul pignon fixe. Il ne dispose ni de roue libre ni d'un système de roue libre, ce qui demande un effort de pédalage constant. Le système de freinage se fait ainsi par l'arrêt de l'effort.

FOURCHE : élément relié au guidon sur lequel est fixé la roue avant. Elle assure la direction du cycle.

FLASQUE : partie du moyeu où sont fixés les rayons de la roue.

FLIP FLOP (ROUE) : roue réversible grâce à un filetage pour la transmission situé sur chaque côté du moyeu. La roue se tourne afin d'adapter la transmission aux besoins du cycliste.

G-H-J

GALET : roulettes situées sur la chape du dérailleur arrière qui permettent de tendre la chaîne et de la guider sur les pignons.

GUIDOLINE : aussi appelé le ruban de cintre, il s'agit d'un long ruban qui sert à enrouler les poignées du vélo pour garantir un meilleur confort et une accroche plus agréable pour les mains.

HAUBAN : les deux tubes situés à l'arrière de celui de la selle qui permettent de tenir la roue arrière et de fixer les freins ou autres accessoires (sacoches, dynamos etc.).

JANTE : élément généralement en acier qui permet de fixer le pneu et les rayons et qui détermine le comportement de la roue.

JEU DE DIRECTION : élément qui effectue la jonction entre le tube de fourche et la direction de cadre.

M

MAILLON À ATTACHE RAPIDE : élément principal de chaîne qui s'il est à attache rapide, permet le démontage manuel et facile de la chaîne.

MANIVELLE : leviers qui relient les pédales du vélo et qui sont situés sur le pédalier d'un côté, et fixé à l'axe de boitier du pédalier de l'autre.

MANOMÈTRE : instrument manuel ou électrique qui sert à mesurer la pression des pneus du vélo.

MÉCANISME DE ROUE LIBRE : système qui permet à la roue de continuer à tourner lorsque que l'on arrête de pédaler.

MICROAVENTURE : escapade minimalisme, de courte durée et peu coûteuse accessible à tous dont le but et de se déconnecter du quotidien.

MOYEU : pièce centrale de la roue qui permet de la fixer au cadre ou sur la fourche.

P

PATIN : élément principal du freinage classique.

PATTES DE CADRE : traditionnellement en acier, les pattes relient le cadre et le dérailleur.

PÉDALES AUTOMATIQUES : équipement spécifique qui permet au cycliste d'être complètement relié à son vélo garantissant un gain de puissance et une meilleure accroche. Les pédales se fixent directement sur des chaussures dédiées. Il faut alors savoir chausser et déchausser rapidement en cas de chute.

PÉDALIER : monté à droite du vélo, il permet de transmettre l'énergie du mouvement des jambes à la chaîne. Les pédales y sont rattachées de chaque côté sur les manivelles.

PIGNON : système de roues dentées situé sur la roue arrière et fixées sur le moyeu, qui garantit la transmission d'énergie entre le cycliste et la roue arrière par la traction de la chaîne.

PLATEAUX : roues situées sur le pédalier qui permettent d'actionner la chaîne faisant tourner la roue arrière par le pédalage.

POTENCE : axe qui relie le haut de la fourche et le guidon. Elle permet de régler le jeu de direction du vélo.

PROLONGATEURS : placés au centre du ceintre, ces accessoires supplémentaires permettent de placer les avant-bras à l'horizontal pour garantir une position aérodynamique optimale.

R

RÉTROPÉDALAGE : méthode de freinage qui consiste à pédaler en arrière pour ralentir progressivement. Cela nécessite une installation particulière puisque le frein et sa commande sont directement intégrer au moyeu de la roue arrière.

RUSTINE : pièce en caoutchouc qui sert à combler les trous dans la chambre à air ou sur le pneu. Elle se fixe grâce à une colle ou de l'adhésif à rustine.

S-T

SINGLE SPEED : vélo à vitesse unique, mais qui dispose d'une roue libre et donc de deux freins à la différence du fixie.

SLOW TOURISME : le terme désigne un tourisme éthique et responsable du point de vue environnemental, mais également garant d'un resourcement de l'être pour réapprendre à prendre le temps durant ses vacances.

TORPÉDO : vélo équipé de freins à rétropédalage.

TRANSMISSION : système qui fait le lien entre l'énergie des jambes du cycliste et la roue arrière. Il fonctionne grâce au pédalier, la roue libre, les dérailleurs et la chaîne.

TUBELESS : système sans chambre à air qui nécessite donc une jante spécifique et hermétique permettant de laisser passer l'air au niveau de la valve et des trous des rayons puisque pneus et jantes sont alors complémentaires.

V

VALVE : éléments permettant de gonfler les pneus sur les chambres à air.

VÉLOROUTE : itinéraire de routes spécialement aménagées pour la circulation des cyclistes.

VÉLOTAF : expression moderne désignant le fait de se rendre au travail à vélo.

VOIE VERTE : voie de communication réservée aux déplacements non motorisés, piétons comme vélos. Ces voies sont également aménagées dans un souci de revalorisation du patrimoine et de protection de l'environnement.

VOILE : désigne l'état d'une roue qui n'est plus parfaitement plate et sur laquelle la tension des rayons n'est plus optimale par déformation de la jante notamment.

RESSOURCES BIBLIOGRAPHIQUES

Ait Abdallah Zoubir et Puissieux Romain,
***Le grand Guide du vélo,* Mango, 2018.**

Tout ce que vous avez à savoir sur la pratique sportive du vélo, de l'équipement à l'entraînement, en passant par les petites réparations.

Aiello Enrico,
Ascensions Mythiques,
Eyrolles, 2018.

Pour les plus sportifs, cet ouvrage rassemble les itinéraires des plus célèbres ascensions dans les montagnes européennes mythiques.

Auzias Dominique,
Les plus belles balades de France à vélo,
le Petit Futé, édition 2020.

L'une des valeurs sûres de la cartographie des chemins, pour ne pas se perdre à vélo.

Absalon Julien et Dalouche Alain,
Les Leçons d'Absalon : techniques de pilotages, préparation et entraînement,
Amphora, 2019.

Parce qu'un voyage ça se prépare, voici les conseils d'un véritable champion de VTT pour devenir un as du guidon.

Beaumont Claire et Spurrier Ben,
***Le Grand Livre du Vélo, Entretien et réparation,* Eyrolles, 2021.**

Un manuel pour faire de vous un véritable mécano et vous assurer un voyage sans encombre.

Belandon Laurant,
Vélos Nomades,
Tana éditions, 2009.

Ce livre se présente comme un guide pour découvrir la Nature européenne, du cyclotourisme au Bikepacking.

Bonduelle Michel,
Grand Atlas des plus belles voies vertes et véloroutes de France,
Ouest-France, 2020.

Un guide complet pour les adeptes du slow tourisme et des voies vertes qui souhaite découvrir la France à Vélo en toute tranquillité. 800 km d'itinéraire dans l'édition augmentée de 2020.

Droussent Claude,
***L'Atlas Vélo Europe,* augmenté par Strava,**
Solar éditions, 2020.

Guide conçu par des mappeurs professionnels, pour parcourir les meilleurs circuits d'Europe en toute sécurité.

Dulaurant Olivier,
Le Guide vélo écolo, En ville comme à la campagne, gardez la forme et roulez en toute sécurité,
Leduc pratique, 2020.

Un guide pratique pour bien équiper et optimiser son vélo. Une préparation indispensable pour que son compagnon à deux roues puisse affronter tous les types de routes.

Duprey Ludovic,
***Code du Cycliste*,**
Dalloz, 2019.

Un petit livre pratique et pas cher qui vous assurera la bonne pratique des pistes cyclables.

Guide du Routard,
***Les plus belles escapades à Vélo en France*,**
Hachette, édition 2020.

Un classique toujours efficace pour bien préparer ses itinéraires et étapes. Le plus ? Un véritable carnet d'adresses (restaurants, hôtels, musées, etc.) certifiées par le Routard chaque année.

Labrey Thibaut et Martinet Ferdinand,
Chilowé,
***Le Guide qui va mettre tout le monde dehors*,**
autoédition Chilowé, 2018.

Un véritable guide pour se lancer dans la microaventure à la découverte de la France.

Lonely Planet,
***Vélo autour du monde*,**
réédition Lonely Planet
et Place des Editeurs, 2019.

Pour les grands voyageurs, cet ouvrage regroupe 50 récits cyclistes et 200 idées d'itinéraires pour parcourir le monde sur son vélo.

Lonely Planet,
***500 balades à vélo en France*,**
Lonely Planet, 2017.

À pied ou à vélo, des chemins pour tous les goûts et tous les niveaux.

Ollivier Jean-Paul,
***Le Tour de France des villes et villages*,**
Mareuils éditions, 2020.

Ce livre vous propose de partir en vélo à la découverte des villes et villages étapes historiques du Tour de France, pour les plus fidèles amoureux de la Boucle.

QUELQUES SITES UTILES

Pour choper toutes les infos et témoignages :

FRANCE VÉLO TOURISME
francevelotourisme.com

CITYCLE
citycle.com

EUROVÉLO
fr.eurovelo.com

GLOBAL BIKER
blog.globalbiker.org

TERRES D'AVENTURE
terdav.com

VIVONS VÉLO
facebook.com/ensemblevivonsvelo/

VOYAGES À VÉLO (GROUPE PRIVÉ)
facebook.com/groups/voyageursavelo/

VOYAGER À VÉLO EN FRANCE
facebook.com/groups/188849161858795/

Pour préparer le voyage :

COMME UN VÉLO
commeunvelo.com

LA CYCLO NOMADE
lacyclonomade.net

UN MONDE À VÉLO
un-monde-a-vélo.com

VÉLO EN FRANCE
veloenfrance.fr

Applications indispensables (ou presque) :

AROUND ME
Pour trouver de quoi vous restaurer au fur et à mesure de votre avancée.

GEOVELO
Un Gps de toutes les routes touristiques.

KOMOOT
Pour trouver ou planifier votre itinéraire sur les meilleures pistes cyclables.

MAPS.ME
Pour avoir toujours une carte à porter de main.

MÉCANO VÉLO
Toutes les fiches techniques pour réparer votre vélo en cours de route.

OPENRUNNER
Pour planifier et calculer votre itinéraire en temps réel.

STRAVA
Un Gps intelligent pour suivre votre parcours.

WARMSHOWERS
Pour trouver un hôte facilement.

WEATHER PRO
Pour être informer de la météo au cours de votre voyage.

INDEX DES LIEUX

D

E

F

G

H

I

J

K

L

M

N

O

P

CRÉDITS ICONOGRAPHIQUES

14. © Shutterstock ; 15. © Zéfal ; 16. DR ; 17. © Shutterstock/Pedro Talens ; 18. © Shutterstock ; 19. © Zéfal ; 20. © Shutterstock ; 23. © Shutterstock/Cool Vector Maker ; 24. © Shutterstock/Borisvstudio ; 25. © Zéfal ; 26. © Shutterstock/Africa Studio ; 27. DR ; 28. © Shutterstock/Svitiana Varfolomieieva ; 30. © Zéfal (en bas à droite) ; © Decathlon (sacoche) ; 31. © Zéfal ; 32. © Shutterstock/Anetlanda ; 33. © Zéfal ; 34. © Shutterstock/Norsob ; 35. © Shutterstock/sylv1rob1 (sacoche) ; © Zéfal (grande image en bas) ; 36. © Zéfal ; 39. © Shutterstock/Sundry Studio ; 40. © Shutterstock/Fam Veld ; 41. DR (grande image) ; © Shutterstock/Olga Hofman (siège enfant) ; 43. © Shutterstock/Strajinsky ; DR (grande image en bas) ; 44. © Zéfal ; 46. © Shutterstock/Podiesnyak Nina ; 49. © Shutterstock/Jovanovic Dejan ; 51. © Shutterstock/Jaah Gonvales ; 52. © Shutterstock/Sunrise Hunter ; 53. © Shutterstock/Nik Fil ; 54. © Shutterstock/Rawpixel.com ; 55. © Decathlon ; 56. © Shutterstock/Volodymyr Dyrbavka (sac de couchage) , © Shutterstock/Vova Shevchuk (en bas à droite) ; 57. © Zéfal ; 59. © Shutterstock/Elena Bsl ; 60. © Zéfal ; 61. © Zéfal ; 62. © Zéfal ; 63. © Shutterstock/Andrey Popov ; 64. © Zéfal ; 65. © Zéfal ; 67. DR ; 68. © Shutterstock/Connel ; 69. © Shutterstock/Dziurek ; 70. © Shutterstock/Licvin ; 71. © Shutterstock/Chirayusarts (en haut à droite) ; © Shutterstock (en bas à droite) ; 72. © Shutterstock/Sutasinee Anukui ; 73. © Shutterstock/Michele Ursi ; 74. © Zéfal ; 77. © Shutterstock/KristiPicture ; © Shutterstock/Alexander Ryabintsev (fruits) ; 78. © Shutterstock/Bergamont ; 79. © Zéfal ; © Shutterstock/Wahyu Aji Praesetyo (encadré vélo) ; 80. © Shutterstock/Gpointstudio ; 81. © Zéfal ; 83. © Shutterstock ; 84. © Shutterstock/Ecuadorpostales ; 85. © Shutterstock/No-Mad (en haut à gauche) ; © Shutterstock/Andrea Ciox (en haut à droite) ; © Shutterstock/Octographers (coin bas droit) ; 86. © Shutterstock/Lorenzo Photo Projects (en haut) ; © Shutterstock/Kler Codeiro (en bas à droite) ; 87. © Shutterstock/Pim Pic (en haut) ; © Shutterstock/Patrick Slezak (en bas) ; 88. © Shutterstock/Jasmine_K ; 90. © Shutterstock ; 92. © Shutterstock ; 93. © Shutterstock/VGstockstudio ; 94. © Shutterstock ; 95. © Shutterstock/Fotokon ; 96. © Shutterstock ; 97. © Shutterstock/Milosz Maslanka ; 100. © Zéfal ; 102. © Zéfal ; 103. © Zéfal ; 104. © Zéfal ; 106. © Hemis.fr/Stéphane Lemaire ; 107. © Shutterstock/Volker Rauch ; 108. © Shutterstock/Misled (en haut à gauche) ; © Shutterstock/Nigel Jarvis (en bas à droite) ; 109. © Shutterstock/Elitravo ; 110. © Shutterstock/Carlos Martin Diaz ; 110 & 111. © Shutterstock/Alex Stemmer ; 112. © Shutterstock/Tanja Midgardson ; 113. © Shutterstock/Lulius Angency ; 114. © Shutterstock/Valentin-74 ; 115. © Shutterstock/Serge Goujon ; 116. © Shutterstock/Pierre-Olivier ; 117. © Shutterstock/Sylv1rob1 ; 118. © Shutterstock/Paul Atkinson ; 119. © Shutterstock/SBedaux ; 120. © Zéfal ; 121. © Shutterstock ; 122. © Shutterstock/Bennekom ; 123. © Shutterstock/Richard Semik ; 124. © Shutterstock/Arenysam ; 124 & 125. © Shutterstock/Wouter van den Broek ; 126. © Shutterstock/Shinedawn ; 127. © Shutterstock/Iakov Filimonov ; 128. © Shutterstock/Daniel Beckemeier ; 129. © Shutterstock/Boris Stroujko ; 130. © Shutterstock/Jef77 ; 131. © Shutterstock/Gareth Kirkland ; 132. © Shutterstock/Trabantos ; 133. © Shutterstock/Hermess ; 134. © Zéfal ;

136. © Shutterstock/ Balakate ; 137. © Shutterstock/Roman Babakin ; 138. © Hemis.fr/Arnaud Spani ; 139. © Shutterstock/Ministocker ; 140. © Shutterstock/Landscape Nature Photo ; 141. © Shutterstock/ Antoine2K ; 142. © Shutterstock/Ishootraw72 ; 143. © Shutterstock/Christian Musat ; 144. © Shutterstock ; 145. © Shutterstock ; 146. © Hemis.fr/ Laurent Giraudou ; 147. © Hemis.fr/René Mattes ; 148. © Shutterstock/Vladimir Sazonov ; 149. © Shutterstock/Michal Szymanski ; 150. © Shutterstock/Ivan Bastien ; 151. © Shutterstock/TTstudio ; 152. © Shutterstock/Arcachonphoto.com ; 153. © Hemis.fr/Christian Guy ; 154. © Shutterstock/Gnoparus ; 155. © Shutterstock/Takako Picture Lab ; 156. © Shutterstock/Andre Quinou ; 157. © Shutterstock/Canadastock ; 158. © Shutterstock/ Andrii Shepeliev ; 159. © Shutterstock/AlexLB ; 160. © Hemis.fr/ Jean-Paul Azam ; 161. © Shutterstock/Jean-Claude Caprapa ; 162. © Shutterstock/Maloff ; 163. © Shutterstock/Sergii Zinko ; 164. © Shutterstock/Piotrekke ; 165. © Shutterstock/Marisa Estivill ; 166. © Shutterstock/Goumi ; 167. © Shutterstock/Photopixal.nl ; 168. © Shutterstock/Begir ; 169. © Shutterstock/FredP ; 170 & 171. © Shutterstock/Thomas Pozzo di Borgo ; 170. © Shutterstock/Eo Naya ; 172. © Shutterstock/Unai Huizi Photography ; 173. © Shutterstock/Maekfoto ; 174. © Hemis.fr/ Bertrand Rieger ; 175. © Hemis.fr/Matthieu Dupont ; 176. © Hemis.fr/ Christian Martelet ; 177. © Shutterstock/Joerg Steber ; 179. © Shutterstock/Oligo22 ; 183. © Zéfal ; 185. © Zéfal ; 186. © Zéfal ; 187. © Chilkoot ; 188. © Chilkoot ; 189. © Zéfal ; 190. © Zéfal.

Tous les vélos sont issus de Shutterstock.com

L'éditeur remercie chaleureusement Décathlon, Zéfal et Chilkoot pour les photographies qu'ils lui ont permis de publier.

Direction de la publication
Carine Girac-Marinier

Édition
Maëva Journo

Création graphique
Damien Payet

Mise en page
Émilie Laudrin

Cartographie
AFDEC

Fabrication
Rebecca Dubois

L'éditeur remercie Bénédicte Bertrand pour son aide précieuse.

ISBN : 978-2-03-600801-4

Achevé d'imprimer par Estella Graficas, Graficas
Dépôt légal : juin 2021
328106-110465582/01-mai 2021